JN125819

教皇
フランシスコのことば
365

マルコ・パッパラルド　編
太田綾子　訳

女子パウロ会

Buonasera!
365 pensieri di papa Francesco
Compiled by Marco Pappalardo
*

Japanese reprint arranged with Editrice Vaticana
Through Tuttle-Mori Agency, Inc., Tokyo

いつもわたしたち兄弟によい想《おも》いを抱き続けてくれる父ヌンツィオへ。
これからも長く、そして幸せな年月を送ることができますように！

はじめに

兄弟姉妹の皆さん、こんばんは！

皆さんご存じのようにコンクラーヴェはローマの司教を選ぶためのもの、しかし今回、わたしの兄弟枢機卿たちは世界の果てにまで行って選んだようですね……でもまあ、こうなりました……。お出迎え感謝します。ローマ教区共同体はこうして司教を迎えることができました。ありがとう！　まず最初にわたしたちの前司教ベネディクト十六世のために祈りをささげたいと思います。主が彼を祝福し、聖母マリアが護《まも》ってくださるよう皆で祈りましょう。そして今、わたしたちは司教と民のこの歩みをともに始めます。愛のうちにすべての教会の長《おさ》であるローマ教会のこの歩み。それは兄弟愛、愛、信頼で結ばれたわたしたち皆の歩みです。いつもわたしたち一人ひとりが互いに他者のために祈りましょう。大きな兄弟愛が世界中に広がるよう、世界のために祈りましょう。ここにおられるわたしの代理枢機卿の支えのもと、今日始まる教会の歩みが、美しいこの街の実り豊かな福音化につながりますように！　では、これから皆さんを祝福したいのですが、そのまえに……そのまえに一つお願いがあります。司教が民を祝福するまえに、主がわたしを祝福してくださるよう皆さんが主に祈ってください。わたしたちの司教を祝福してください、という民の祈りです。わたしのための皆さんのこの祈りを、沈黙のうちにしてください。

では、皆さんと全世界、善を求める人びとを、祝福します。

兄弟姉妹の皆さん、それではお別れします。待っていて、迎えてくださり、ありがとうございました。わたしのためにどうか祈ってください。そしてまたすぐに！　またすぐに、お会いしましょう。明日は、全ローマを護ってくださるよう聖母マリアに祈りに行きます。お休みなさい！

これは、二〇一三年三月十三日、選ばれたばかりの教皇フランシスコがヴァチカン大聖堂のバルコニーから最初に挨拶したときのことばです。冒頭の「ブオナセーラ（こんばんは）。」このような場ではあまり用いられない、この打ち解けた呼びかけ、親しみを込めたことばは、その後の彼のことばや選択や行動の始まりにほかならず、皆の心、カトリック信者だけでなく信仰をもたない人びとの心にまで、入っていくことになります。

大切な人、尊敬する人の声をいつも聴きたい、どんな短いフレーズでもいいから、それをいつも携え、必要なときに聴き返してみたり、ときには他の人にも聴かせてあげたい、とわたしたちは思います。それはきっと、この本で毎日パパ・フランシスコの想《おも》いの一つを読み、黙想することによってもできるようになるでしょう。これらのことばは、さまざまな機会に、異なる大陸で、近くの人や遠くの人に向けられたことばですが、同時に、貴重な宝物のように、その中味の豊かさや美しさが多くの人びとのために輝きわたるように、「読者」にゆだねられたものです。

本書を読むのに適した年齢というのはありません。心から迸《ほとばし》り出たことばは心にじかに届きます。読むのに適した時間というのもありません。一日のなかの休憩時間に、朝の黙想に、夜寝るまえに、食事のまえに家族の間で、共同体の祈りの時間……いつでもよいのです。

この体験に支えられて日を重ねるうちに、もっと先に進みたい、次の「想い」を読みたい、愛する人たちに電話やソーシャルネットやメールやお祝いのカードなどを通じて知らせてあげたい、という気持ちになります。しまいには、この本をプレゼントしてあげたくなるでしょう。

この「序」を読んでいらっしゃる時間がいつであっても、「よい読書を」と言わせてください。そして、「こんばんは」とも。

マルコ・パッパラルド

もくじ

はじめに……5
1月……11
2月……43
3月……73
4月……105
5月……137
6月……169
7月……201
8月……235
9月……269
10月……303
11月……335
12月……367
訳者あとがき……404

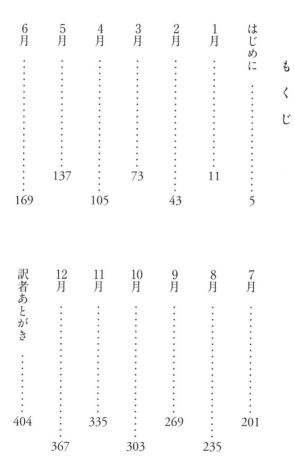

ブックデザイン・さしえ　中島祥子

1月

1

このことばを忘れてはなりません。神は決してわたしたちを赦《ゆる》すことに疲れることはない、決して！　わたしたちはそれを望まず、赦しを請うことに疲れてしまいます。主は赦すことに決して疲れないのに、わたしたちはときには赦しを請うことに疲れてしまいます。わたしたちは疲れてはなりません、諦めてはなりません！　主はいつも赦し続ける愛情深い父です。わたしたちすべての者にあのMISERICORDIA（慈しみ）の心を抱いています。そして、わたしたちも、すべての人に対して慈しみ深くあることを学びましょう。「人となった神の慈しみ」を自らの腕に抱いた聖母マリアのとりなしを祈りましょう。

二〇一三年三月十七日　お告げの祈り

2

すべては人の心を通じて起きます。もし、わたしが復活したキリストの恵みが自分のうちに到達するにまかせたとしたら、もし、自分のなかのよくない面、自分だけでなく他者にも悪影響を及ぼす面を変えることにしたとしたら、そして、もしキリストの勝利がわたしの生を支配し、善をもたらすその力がわたしのなかにみなぎるままにしたとしたら、それは恵みの力です！　恵みなしではわたしたちは何もできません。

二〇一三年四月一日　「レジナ・チェリ」　復活節の聖母賛歌

3

洗礼と聖体拝領の恵みによってわたしは神の慈《ミゼリコルディア》しみの道具となることができます。神のあの美しい慈しみの道具に……。受けた秘跡を、自らの生のうちにあらわすことができます。そうです、親愛な兄弟姉妹の皆さん、それは、わたしたちの日々の努力であり、わたしたちの日々の喜びであるとも言えるでしょう！　ぶどうの木である主ご自身の、その霊の樹液が体内に流れる小枝として、自らがキリストの恵みの道具だと感じる喜び！

二〇一三年四月一日　「レジナ・チェリ」　復活節の聖母賛歌

4

親愛な兄弟、親愛な姉妹よ、これこそが主が望んでいることです。あなたが「主よ、わたしは今ここにいます、わたしの罪とともに」と言うことを。皆さんのなかで自らの罪なしでここにおられる方はいますか？　どなたでしょうか？　誰もいません、わたしたちのうちの一人も。わたしたちは皆、自らの罪を背負っています。でも、主はわたしたちにこう言ってもらいたいと願っています。「赦してください、わたしの歩みを助けてください、わたしの心を変えてください！」そして主は心を変容させることができます。

二〇一三年十月二日　謁見

5

「家に帰りたい」と言う力が湧いたとき、あなたは家の門が開いているのに気づくでしょう。神はあなたを迎えに出ます、ずっと待っておられたからです。ずっとあなたを待ち続けた神は、あなたを抱きしめ、接吻《せっぷん》し、喜び祝います。主とはそのような方なのです、わたしたちの天の父の優しさとはこれほどなのです。主は、わたしたちが手を広げてすべての人を迎え入れる教会の一員であるよう望みます。一部の人の家ではなく、すべての人の家、そこでは強い者から弱い者、罪びと、無関心な人、勇気を失い絶望している人、皆が、その愛によって一新され、変えられ、聖化されるのです。

二〇一三年十月二日　謁見

6

「ときおり」キリスト者であることはできません。そのときだけ、その場合だけ、決めたときだけ……キリスト者であることはできないのです。「いつでも」でなければ！　頭の先から足の先まで全面的に！　聖霊がわたしたちに教え、伝授してくれるキリストの真実は、わたしたちの日々の生に永遠に、そして全面的に関与します。

二〇一三年五月十五日　謁見

7

どこに行こうと、いちばん小さな教会に行こうと、地球の果ての片隅の地に行こうと、唯一の教会が存在します。わたしたちはそこに我が家を見つけ、家族とともにあり、兄弟姉妹のあいだにいることができます。これは神の偉大なたまものです！　すべての人にとって教会は一つです。ヨーロッパ人のための教会、アフリカ人のための、アメリカ人のための、アジア人のための、オセアニア人のための、「それぞれの」教会などありません。いいえ、どこにあろうと、同じ一つの教会なのです。一つの家族のようなもの。遠く世界中に散らばっていても、どんなに遠くにいても、家族の深い絆《きずな》は皆を固く結んでいます。

二〇一三年九月二十五日　謁見

8

家庭内から、教会共同体の現実から、さらにはエキュメニズム的対話をとおして、一致を探し求め、築き、それを育み、不理解や分断を乗り越えなければなりません。わたしたちの世界は一致を必要としています。今は皆が一致を必要としている時代です。わたしたちは和解を、交わりを、必要としています。そして教会は「一致の家」です。

二〇一三年九月二十五日　謁見

9

忘れてはなりません。神はいつでも赦してくださいます。そして、その赦しと慈しみからなる愛のうちに、わたしたちを受け入れてくださいます。罪は神への冒瀆《ぼうとく》だと言う人たちもいます。でも、より美しいこと、すなわち神の慈しみに気づくために、自らを謙虚に見直すよい機会でもあります。

二〇一三年五月二十九日　謁見

10

わたしは信仰を他者からいただきます。家族のなかで、「わたしは信じます」「わたしたちは信じます」と言うことを教えてくれた共同体のなかで。キリスト者は一つの島ではありません！　わたしたちは実験室でキリスト者になるのではなく、一人でそして自分の力だけでキリスト者になるのでもありません。信仰は贈りもの。教会のなか、教会をとおしてわたしたちに与えられる神のたまものです。そして教会は洗礼を授けることで、信仰に生きる生をわたしたちに与えてくれます。わたしたちが神の子として生まれる瞬間、神のいのちをいただく瞬間です。そして教会は母のように、わたしたちを産むのです。

二〇一三年九月十一日　謁見

11

自分の洗礼の日を覚えているキリスト者は、何人いるでしょうか？　ここにいる皆さんにこの質問をしたいと思います。それぞれ、心のなかで答えてください。何人の人が自分の洗礼の日を覚えているでしょうか。手を挙げている人たちもいますね。でも覚えていない人の何と多いことか！　でも洗礼日はわたしたちが教会の一員として生まれた日、わたしたちのお母さんである教会がわたしたちを出産した日なのです！　では、皆さんに家でする宿題をあげます。今日家に帰ったら、ご自分の洗礼の日の日付をよく探してください。その日を祝い、このたまものについて主に感謝するためです。

二〇一三年九月十一日　謁見

12

授かった「タラントン」を地に埋めないでください！　大きな理想、心を広々と大きくさせるような理想にそれを賭《か》けてください。「タラントン」を増やす、すなわち他者のためにそれを使うという理想に！　わたしたちに生が与えられたのは、自分のためにそれを取っておくためではなく、差し出すためにいただいたのです。

二〇一三年四月二十四日　謁見

13

皆さんも、疲れた、退屈した、無関心なキリスト者を見るという悲しい体験をされたことがあると思います。このようなキリスト者はよくありませんね。生き生きとして、キリスト者であることがうれしくて仕方ないようでなくては。教会という神の民の、自分もその一人であるという素晴らしさを生きなければなりません。活動的な共同体の一員であるよう、わたしたちは聖霊の働きに開かれているでしょうか、それとも、「することがいっぱいあるし、わたしの役目ではない」と言って自分の殻に閉じこもってはいないでしょうか。キリストに深く結ばれて生きるよう、主がわたしたち皆にその恵み、その力をくださいますように。

二〇一三年六月二十六日　謁見

14

今日、人間の意志を支配しているのは人間ではありません、金です、カネ、金銭が人を支配しています。しかし、わたしたちの父なる神がこの地を護るように命じたのは、金にではなく、わたしたち人間に、です。この役目はわたしたちに委ねられたのです！　ところが人間たちは利益と消費という偶像の犠牲になっています。いわゆる「廃棄文化」ですね。コンピュータが壊れたら「大悲劇」とされますが、多くの人の飢餓、窮乏、悲劇は「日常のこと」とされてしまいます。たとえば、もしある寒い夜、この近くのオッタヴィアーノ通りの道端で一人の人が亡くなっても、ニュースにはなりません。世界の多くの地で食べ物が得られない子どもたちがいても、それはニュースにはなりません。まるで当たり前のことのようです。そうであってはなりません！　ところが、このようなことは「日常」の枠内に入れられています。ホームレスの人びとが道端で凍え死んでもニュースにはなりません。その反対に、幾つかの都市で株価が10ポイント下がったら、「悲劇」とされます。このように人びとは、まるでゴミであるかのように、捨てられるのです。

二〇一三年六月五日　謁見

15

一致は対立に勝ります、いつも！　対立や争いはよい解決に至らなければ、わたしたちを分断します、神からわたしたちを引き離します。対立はわたしたちの成長を助けることもありますが、わたしたちのあいだを分断させることもあります。分断の道、争いの道から離れましょう！　皆がいっしょになって、互いの相違を保ちながら、いつなんどきでも一致していること、これがイエスの道です。

一致は対立に勝ります。分断、争い、利己心、悪口への誘惑から解放されるために、主に願わなければならない恵み、それは一致の恵みです。悪口や陰口がどれほど悪をもたらすことか！　他者の陰口は決して言ってはなりません。決して！　キリスト者たちの分断、偏見や、さもしい利益欲がどれほど教会に損害を与えることでしょう！

二〇一三年六月十九日　謁見

16

わたしたちは神の子として生きることができます！　これがわたしたちの尊厳です。わたしたちには子としての尊厳があります！　これは、日々、キリストがわたしたちを変容させ、わたしたちを彼のようにしてくれるよう、委ねることを意味します。キリスト者として生き、自身の限界や弱さを知りつつも、主の後を追うよう努めることを意味します。自分を中心に置き、神を脇に置こうとする誘惑は、いつも扉の外に潜んでいます。そして罪の体験は、キリスト者としてのわたしたちの生、神の子としての存在を、傷つけます。それゆえ「神を信じても役に立たない、君には重要じゃない」という考えに引き込まれないように、わたしたちは信仰を保つ勇気をもたなければなりません。神はわたしたちの力です！　神はわたしたちの希望です！

二〇一三年四月十日　謁見

17

真の兄弟のように愛し合うのはなんとすばらしいことでしょう。なんと美しいことでしょう！　今日、一つのことをしてみましょう。誰でも親しい人や嫌いな人がいるでしょうし、このわたしたちのあいだでも、多くの人が誰かに対して少し怒っているかもしれません。それならば、主にこう言ってみようではありませんか。主よ、わたしはある人に対して怒っています。わたしは彼、彼女のためにあなたに祈ります。

「怒りの原因」となった人のために祈るのは、この愛の法に足を踏み入れる清々《すがすが》しい第一歩となります。やってみましょうか？　今日、始めましょう！

二〇一三年六月十二日　謁見

18

悪に印された闇の現実、辛い現実。しかし、もしわたしたちがそこに、自分たちの生き方をとおして福音の光を運び込むことができたら、きっと変わるでしょう。もしある暗い夜、スタジアムで、そうですね、ここローマならオリンピック・スタジアム、ブエノスアイレスならサン・ロレンツォ・スタジアムで、一人の人が灯火を点《つ》けたとします。その光はやっと見えるほどの小さな光です。でも七万人以上の観客がそれぞれ自分の灯火を点けたら、スタジアムは光り輝きます。わたしたちの生がキリストの光となりますように。そしてともに、福音の光で全世界の現実を照らしましょう。

二〇一三年六月十二日　謁見

19

教会は福祉団体でも文化的・政治的な協会でもありません。生きた体であり、歴史のなか、現実のなかを歩み、行動します。そしてこの体には導き、養い、支えてくれるイエスという頭《かしら》があります。わたしが強調したいのはこの点です。頭と体を切り離したら、生きていることはできません。教会においてもそうです。いつも、より深くイエスと結ばれていなければなりません。

二〇一三年六月十九日　謁見

20

「耕すことと大切に守ること」はわたしたちと環境の関係だけでなく、人間と創られしものの世界、人間同士の関係をも含みます。教皇たちは、環境エコロジーと密接に関係する「人間エコロジー」について語ってきました。わたしたちは今危機に瀕《ひん》しています。それは環境のなかに見ることができますが、それ以上に人の心のなかに見ることができます。人間が危機的状態にあることは明らかです。人間は今、危険に晒《さら》されています。ですから、緊急に「人間エコロジー」に目を向けなければなりません！　重大な危険です。問題の原因は表面的なものではなく、深く根を下ろしているからです。経済だけの問題ではなく、倫理学的、そして人類学的な問題です。

二〇一三年六月五日　謁見

21

神はわたしたちに招集をかけます。個人主義や自分に閉じこもる傾向から出るよう促し、神の家族の一員となるよう呼びかけます。この「招集」は天地創造のときの呼びかけそのものに遡ります。神がわたしたちを創造されたのは、彼との深い友情関係を生きるためであり、罪が、彼と、他者と、創られしものの世界とのこの関係を壊したときにも、わたしたちを見捨てませんでした。救いの歴史全般は、人間を探し求める神、愛を与え、自らのうちに迎え入れる神の歴史です。

二〇一三年五月二十九日　謁見

22

真実は物のように手でつかむことはできません。真実は出会うものです。所有することはできません。一人のペルソナとの出会いです。

二〇一三年五月十五日　謁見

23

祈りなしでは、わたしたちの行動は空虚なものとなり、わたしたちの宣教には魂がなく、聖霊が息づいていないものとなります。

二〇一三年五月二十二日　謁見

24

教会とはこのようなものです。

誤った子ら、道にそれている子らにも、いつも理解を示し、勇気づけ、扉を決して閉めず、裁かず、神の赦しを与え、深い谷に落ちた子らにも、再び歩きはじめられるよう自らの愛をささげて勇気づける慈しみ深い母。

教会はわたしたちが、魂の闇、良心の闇にあっても、希望を与えようとわたしたちの「夜」に入ることを恐れません！　教会は母だからです！

二〇一三年九月十八日　謁見

25

神はあなたに言います、「高き」を目指し、神に愛され、清められることを恐れないように、聖霊に導かれることを恐れないように、と。神の聖性に染まりましょう。キリスト者は各人、聖性へと呼ばれているのです。そして聖性とは、並外れたことをするのではなく、神に任せることです。わたしたちの弱さが主の恵みの力と出会うことです。愛に生きることを可能にし、神の栄光と隣人のためにすべてを喜びと謙譲のうちに行うことを可能にしてくれる、神のはたらきに信頼することです。

二〇一三年十月二日　謁見

26

「出会い」――ある一つの出会い、ある一つの美しい出会い、イエスとの出会い――のために準備しているよう、わたしたちは求められています。それは神の現存の徴《しるし》を感じ取る力を持つこと、祈りと秘跡によって自らの信仰を生き生きとしたものに育むこと、まどろむことなく目を覚まして神を忘れないことを意味します。眠りこけたキリスト者の人生は悲しい人生です。幸せな人生ではありません。キリスト者は幸せで、「イエスの喜び」に満ちた者でなければなりません。

二〇一三年四月二十四日　謁見

27

現代という危機の時代、自分のうちに閉じこもってはなりません。自らの資質、精神的・知的・物質的豊かさ、神に授けられたすべてを地中に隠すのではなく、むしろ自らを解き放ち、他者と連帯を深め、他者に目を注ぐようにしましょう。

二〇一三年四月二十四日　謁見

28

「神の民」の法律とは何か？　それは愛です。主が遺《のこ》された新しい掟による、神への、そして隣人への愛の律法です（ヨハネ13・34参照）。しかし、感傷的で漠然とした不毛の愛ではありません。唯一のいのちの主として神を認め、同時に、分断や対抗心、不理解や利己心を超えて、他者を真の兄弟として迎え入れることです。この二つは対《つい》になっています。わたしたちのうちにはたらく聖霊の、愛の法であるこの新しい掟を実際に生きるために、これからどれほど多くの道のりを歩まなければならないことでしょう！

二〇一三年六月十二日　謁見

29

わたしたちはいつも念頭に置いておかなければなりません。わたしたちは恵みによって、いつもわたしたちに先んじる神の無償の愛によって、義とされ、救われたということを。一人では何もできません。信仰とはまず第一に、授けられたたまものです。しかしそれが実を結ぶために、神の恵みは、わたしたちが彼に対して開かれていることを必要とし、自由で具体的なわたしたちの応えを求めています。

キリストは、救いとなる「神の慈しみ」をわたしたちにもってきてくださいました。わたしたちに求められるのは、彼に委ねること、信仰と愛に突き動かされた行いからなる「善い生き方」をとおして、主の愛に応えることです。

二〇一三年四月二十四日　謁見

30

わたしたち皆は、信仰を得て新しいキリスト者が誕生する手助けをするよう呼ばれています。わたしたちの誰でもが、信仰の教育者であるよう、福音を宣べ伝えるよう、招かれています。わたしたちは自らに問いかけてみましょう。他の人びととキリストへの信仰を分かち合えるよう、わたしは何をしているか？　わたしの信仰は実り多いものか、それとも閉鎖的だろうか。自らの囲いのなかに閉じこもらない、リスクがあっても外に出ていって、すべての人にキリストを運ぶような教会が好きだ、とわたしはよく言います。すべての人、わたしやあなた、キリスト者一人ひとりのことを思いながら……。

二〇一三年九月十一日　謁見

31

わたしたちは人生において、何度、希望が消えうせ、心に抱く期待も実現しないという体験をしてきたことでしょう！　しかし、神によって招かれこの地上を歩むキリスト者の希望は、強く、確かで、堅固です。そして、「忠実なる神」を基とするゆえに、永遠に向けて開かれています。決して忘れてはなりません。神はいつも、いつまでも、わたしたちに忠実だということを。

二〇一三年四月十七日　謁見

2月

1

神の子である喜びを、悪の、罪の、死への隷属からわたしたちを救う真の自由なる方キリストのうちに生きることで与えられる自由を、この身であらわしましょう！　天の故郷を仰ぎ見ましょう。そうすれば、日々の努力や労苦に新しい光、新しい力が与えられます。天を仰ぐことのできなくなっているこの世界、神にまなざしを向けることができなくなっているわたしたちのこの世界に対する、それは尊い務めとなるでしょう。

二〇一三年四月十日　謁見

2

神はわたしたちが彼のもとに行くのを待たず、何も測らず勘定なしに、わたしたちに向かって歩み始められました。神はこうなのです。いつも第一歩をしるし、わたしたちの方にやってこられます。イエスは庶民の日々の現実を生きました。羊飼いのいない群れのような群衆を目にして心を震わせました。兄弟ラザロの死を悼み嘆くマルタとマリアを見て泣きました。徴税人を自らの弟子としてお呼びになりました。友の裏切りもお受けになりました。神がわたしたちとともにあり、わたしたちの間におられるという確信を、神はイエスをとおして、イエスのうちに、わたしたちに与えてくださいました。

二〇一三年三月二十七日　謁見

3

いつも外に向かっていきましょう！　配慮と忍耐のうちに、神の愛と優しさをもって。わたしたちが、自分の手や足や心を使っても、じつは神が導き、わたしたちのすべての行いを実らせてくださることを知りながら……。

二〇一三年三月二十七日　謁見

4

どなたかが、このようにわたしに言われるかもしれません。「でも、パードレ、時間がないんです」「しなければならないことが山積みなんです」「それは難しいです」「わたしに何ができるでしょうか。力はないし、罪深いし、たくさんのしがらみがあって……。」往々にして、わたしたちは、小さな祈りをささげたり、上の空で日曜日のミサに与《あずか》ったり、何らかの慈善の行いをしただけで満足してしまい、キリストをもたらすために「外へ出る」勇気をもとうとしません。

二〇一三年三月二十七日　謁見

5

神は、ひどい目にあった人のそばを通られると、気の毒にと思うだけで何もなさらなかったり、道をそらしてしまったりはなさいません。あのサマリア人のように、なんらの見返りなしに救援されます。その人がユダヤ人か、異邦人か、サマリア人か、金持ちか、貧乏人か、そんなことは何一つお尋ねになりません。尋ねず、質問もなさいません。その人を助けに走ります。神とはそうなのです。羊たちを護《まも》り、彼らを救うために自らのいのちを差し出す羊飼いと同じように考えられるのです。

二〇一三年三月二十七日　謁見

6

神はわたしたちのところにこられるために「自身」から出ました。わたしたちを救い、希望を与える、その慈しみをもたらすために、自らの幕屋をわたしたちの間に置かれました。わたしたちも、彼の後を追い、彼とともにいたいのであれば、九十九匹の羊がいる囲いのなかにいることに満足せず、彼といっしょに、失われた子羊、もっとも遠くの子羊を探しに、「出て」いかなければなりません。

二〇一三年三月二十七日　謁見

7

神は喜びにあふれておられます。これは面白いですね、喜びにあふれる神！　では、神の喜びとは何でしょうか。神の喜び、それは赦《ゆる》すこと。神の喜びは赦すことなのです！　失われた子羊を見つけた羊飼いの喜びです。なくした硬貨を見つけた女性の喜び、失われた息子、死んでしまったかのような息子が生き返り、家に戻ってきたのを迎える父の喜びです。ここに福音のすべてがあります！　ここに！　福音のすべて、キリスト教のすべてがあります！　でもよく考えてください、感傷的なおめでたい話ではありませんよ！　慈《ミゼリコルディア》しみは、罪という死をもたらす癌《がん》、倫理的、霊的な悪から、人間と世界を救うことのできる、真の力なのです。

二〇一三年九月十五日　お告げの祈り

8

愛のみが、人の心と歴史のなかに悪が入り込んであける深い空洞を満たします。愛のみがそれを果たすことができ、これは神の喜びです！

二〇一三年九月十五日　お告げの祈り

9

もしわたしたちの心に慈しみが、赦しの喜びがなかったら、すべての規律を守ったとしても、「神とともに」はありません。わたしたちは愛することによって救われるのであって、単に規律を遵守することによってではありません。神への、そして隣人への愛がすべての掟《おきて》の完遂です。赦すこと、これこそが神の愛と喜びです。そして、いつもわたしたちを待っておられます！

二〇一三年九月十五日　お告げの祈り

10

イエスは慈しみそのもの、愛そのもの、人となられた神です。わたしたち一人ひとりはあの道に迷った子羊、失われた硬貨、偽りの偶像や空虚な幸福を追い求め、自らの自由を台無しにし、すべてを失ったあの息子です。でも、神はわたしたちを忘れず、決して見捨てることはありません。忍耐強く、わたしたちを待ち続ける父です！　わたしたちの自由を尊重し、いつまでも忠実であり続けます。わたしたちが戻ってくると、子として家に迎え入れてくださいます。そして、わたしたちを愛し、待ち続けることをおやめにならないからです。

二〇一三年九月十五日　お告げの祈り

11

「目には目を、歯には歯を」の法に従って生きるなら、わたしたちは決して悪のスパイラルから抜け出ることはできません。悪魔は狡猾《こうかつ》です。人間的な「正義」によって自らを、そして世界を救うことができるとわたしたちに思い込ませようとします。しかし実は、神の義だけがわたしたちを救うことができるのです！

二〇一三年九月十五日　お告げの祈り

12

イエスの後についていくとは、凱旋《がいせん》パレードに参加することではありません！　イエスの慈しみ深い愛を分かち合い、一人ひとりに、そして全人類に抱く、その偉大な慈しみの業に参加することです。イエスの「事業」はまさに慈しみの、赦しの、愛の業です！　とてつもなく慈悲深いのです、イエスは！　そしてこの全人類への赦しと慈しみは、「十字架を通り」ます。

イエスはこの「事業」を一人で行いたいと思ってはおられません。御父が彼に委ねた使命に、わたしたちをも巻き込みたいと望んでおられるのです。

二〇一三年九月八日　お告げの祈り

13

キリスト者はすべてから離れることで、福音の理《ことわり》、愛と奉仕の理のうちに、すべてを見いだします。

二〇一三年九月八日　お告げの祈り

14

わたしたちは平和な世界を求めます、平和の人でありたいのです、分断や紛争で引き裂かれたこのわたしたちの社会に平和が「炸裂《さくれつ》して」ほしいのです。戦争が二度とないように！　戦争がもう決してありませんように！　平和はあまりにも貴重なたまもののゆえに、その実現のため、それを護《まも》るために、あらゆる努力をしなければなりません。

二〇一三年九月一日　お告げの祈り

15

イエスは、赦し、抱きしめようと、あなたを待っておられます。怖《おそ》れてはなりません。彼はあなたを待っておられます。奮い立ち、勇気を出して、開かれたその扉から入りましょう。この扉を、信仰の扉を通って、イエスの生に入るよう、すべての人は招かれています。彼がわたしたちの生を変容させ、刷新させ、あふれんばかりの恒久の喜びを与えてくださるよう、彼をわたしたちの生のうちに迎え入れましょう。

二〇一三年八月二十五日　お告げの祈り

16

イエスは消えることのない光でわたしたちの生を照らします。花火のような一瞬の光でも、フラッシュでもありません！　いいえ、それは永遠に消えることのない穏やかな光、わたしたちに平和を与えてくれる光です。イエスの扉から入ったときに出会うのは、このような光です。

二〇一三年八月二十五日　お告げの祈り

17

近年、たくさんの扉の前をわたしたちは通ります。それらは、未来のない束《つか》の間《ま》の幸せを約束して、わたしたちをいざないます。皆さんに質問ですが、どのような扉をくぐりたいですか？　自分の人生の扉を、誰に向けて開きたいのですか？　わたしは力を込めてこう言いたいのです。恐れずにイエスへの信仰の扉から入りましょう。また、わたしたちのうちに潜む利己心、閉鎖、他者に対する無関心から「出て」、彼がわたしたちの生のなかにますます奥深く入ってくださるよう願いましょう。

二〇一三年八月二十五日　お告げの祈り

18

イエスは福音書のなかで、キリスト者であることは「ラベル」を付けていることではない！　と言っています。皆さんにお尋ねします。皆さんは「ラベル」的キリスト者ですか、それとも真に、キリスト者ですか？　各自、心のなかで答えてください！　決して「ラベル的な」キリスト者ではありませんように！　真の、心の奥底からのキリスト者でいましょう。キリスト者であるとは、祈り、愛の業を実践し、義のために立ち上がり、善を行うことによって信仰を生き、証《あか》すことです。

二〇一三年八月二十五日　お告げの祈り

19

信仰とは身につける飾りでも装飾でもありません。信仰を生きるとは、生クリームでデコレーションするケーキのように、少量の信仰で生を見栄えよくすることではありません。いいえ、信仰とはそのようなものではありません。信仰は、自らの生の基準となる神を選ぶことです。そして神は漠然とした存在でも中立的存在でもありません。神はいつも「然《しか》り」です。神は愛、そして愛とは、「然り」です！

二〇一三年八月十八日　お告げの祈り

20

神には具体的な姿があり、名前があります。神は慈しみ、神は忠実さ、わたしたちすべてにささげられたいのちです。

二〇一三年八月十八日　お告げの祈り

21

イエスはわたしたちの平和、わたしたちの和解です！　でも、この平和は墓地の静かな平和でも、中立性でもありません。イエスは「中立性」をもってはこられませんでした。この平和は、何が何でも妥協するというようなことではありません。

イエスに従うのは、悪や利己心を捨て、善を、真実を、正義を選ぶことです。それが自らの犠牲や利益の放棄を要する場合でも。

二〇一三年八月十八日　お告げの祈り

22

あなたにとって何がもっとも重要で貴く、自らの心を磁石のように引きつけますか？　あなたの心は何に惹《ひ》かれますか？　神の愛に、と言えますか？　他者のためになることがしたい、主のためそして兄弟たちのために生きたい、と願っていますか？　そう言えますか？　それぞれ、心のなかで答えてください。でも、どなたかはこう言うかもしれません。「パードレ、わたしは働いている人間で、家族もいるし、わたしにとっていちばん大切なのは家族を養うこと、仕事です……。」確かにそうです、大切なことです。でも、家族を一つにしてくれる力とは何でしょうか？　それは愛です。そしてわたしたちの心に愛を播《ま》くのは神、神の愛です。まさに神の愛が、わたしたちの日々の小さな努力に意義を与え、また、大きな試練にあったとき、立ち向かうよう助けてくれます。これこそが、人間にとって真の宝です。

二〇一三年八月十一日　お告げの祈り

23

キリスト者は自らのうちに大きな、深い願望をもっています。それは、兄弟たち、同じ道を歩む同伴者たちとともに、自らの主に出会うことです。そして、これらすべてはイエスの次のことばに要約されています。
「あなた方の宝があるところ、そこにあなた方の心もあるようになる。」

二〇一三年八月十一日　お告げの祈り

24

キリスト者の真の「力」とは、真実と愛の力。いかなる暴力も捨て去ることを要します。信仰と暴力は両立しません！　信仰と暴力の両立はありえないのです！　一方、信仰と毅然《きぜん》と振る舞う堅固さは両立します。キリスト者は暴力的ではありませんが、強い人です。どのように強いのでしょうか？　柔和、柔和の力、愛の力によって強いのです。

二〇一三年八月十八日　お告げの祈り

25

貧しく、病気で、助けを必要としている兄弟、困難のなかにある兄弟への具体的な行動をもたらさない祈りは、不毛で不完全な祈りです。一方、同じく、教会内で「する」こと、役割、構造などに重点を置きすぎ、キリストの中心性を忘れ、祈りのうちに彼と対話する時間をもてないような場合には、助けを必要としている兄弟のうちにおられる神を忘れ、自分のために働く危険があります。聖ベネディクトは自らの修道士たちに勧める生き方を二つのことばに要約しました。祈り、働け。

二〇一三年七月二十一日　お告げの祈り

26

イエスのうちなる神の愛は、いつもわたしたちを希望へ、わたしたちの巡礼の旅の最終的な地平である希望へと、導きます。こうして、地上での日々の骨折りや過ちにも、意義を見いだせます。わたしたちの罪でさえ、神の愛のうちには意義を見いだすことができます。イエスのうちなる神の愛はわたしたちをいつも赦し、あまりにわたしたちを愛するゆえに、いつも赦してくれるからです。

二〇一三年八月十一日　お告げの祈り

27

でも神の愛とは何でしょうか？　漠然とした何か、感傷的な何かではありません。神の愛には名前があり、み顔を仰ぐこともできます。イエス・キリスト。イエス。神の愛はイエスのうちに現れます。わたしたちは「空気」を愛することはできないからです。空気を愛していますか？　「すべて」を愛していますか？　いいえ、そういうものを愛することはできません。わたしたちは「人（ペルソナ）」を愛します。わたしたちが愛するペルソナはイエス、父からわたしたちのあいだに遣わされました。あらゆることに価値と美を与える愛。家庭に、仕事に、勉強に、友情に、芸術に、人間のあらゆる活動に力を与える愛です。

二〇一三年八月十一日　お告げの祈り

28

観想をとおして育む主との強い友情から、わたしたちのうちに、生きる力、そして神の愛とその慈しみを、他者に対するその優しさを、運ぶ力が生まれます。そして助けを必要としている兄弟への働き、慈しみの業が、わたしたちを主のもとに連れていきます。助けを必要としている兄弟姉妹のなかにまさに主を見るからです。

二〇一三年七月二十一日　お告げの祈り

3月

1

イエスは決して強要なさいません。イエスは謙虚です。イエスは招きます。もし望むなら、わたしのところにいらっしゃい。イエスのつつましさはこうなのです。彼はいつも招くだけで、強要はなさいません。

二〇一三年六月三十日　お告げの祈り

2

イエスは、自らのエゴを追い求め、神と語り合わない利己的なキリスト者や、自分の意思をもたず、「リモコン操作された」、創造性のない、いつも他の誰かの意思に沿おうとする自由でないキリスト者をお望みになりません。イエスはわたしたちが自由でいてほしいと思っておられます。では、この「自由」はどこで得られるでしょうか。自らの心の奥底での神との対話をとおして得られます。もし神と語ることができず、自らの心の奥底に神を感じ取ることができないキリスト者がいたら、その人は自由ではありません。

二〇一三年六月三十日　お告げの祈り

3

「良心」は、真実に、善に、耳を傾けるところ、神の声を聴くところです。わたしの心に語りかけ、善悪を識別するよう助け、歩むべき道を示してくれる神、決意してからは、前進し、忠実であり続けるよう助けてくれる、神とわたしの関係が育まれるところです。

二〇一三年六月三十日　お告げの祈り

4

イエスの慈しみ《ミゼリコルディア》は単なる感情ではありません。いのちを与える力、人を復活させる力です！

二〇一三年六月九日　お告げの祈り

5

「イエスの側に立つためにいのちを失う」とは何を意味するのでしょうか？　これには二つの方法があります。公に信仰を告白すること、そして黙って真実を守ることです。殉教者たちはキリストのためにいのちを失った最高の模範です。二千年のあいだに、イエス・キリストとその福音に忠実であろうとしていのちを犠牲にした人びとは長い列をなしています。今でも、世界のたくさんの場所で、初代教会時代以上の数の大勢の殉教者たちが、キリストのためにいのちを差し出し、イエス・キリストを否まないために死んでいっています。これがわたしたちの教会です。現代には、原始教会時代より多くの殉教者がいます！　一方、死を伴わない「日常的殉教」もあります。それも、イエスの理《ことわり》、与え尽くし犠牲になるという理のもと、愛のうちに自らの務めを完遂し、「キリストのためにいのちを失う」ことです。

二〇一三年六月二十三日　お告げの祈り

6

わたしたちキリスト者は良心に従って歩を進め、たくさんのことを築くことができます。しかし、キリストを宣言しなかったら、それらのことはうまくいきません。社会福祉NGOになることはできても、主の花嫁である教会にはなれません。歩を進めなかったら止まってしまいます。石の上に築かなかったら、何が起きるでしょうか？　海べで子どもたちが砂の城を作りますが、それと同じように、跡形も残さず、すべては崩れ去ります。イエス・キリストを告白しなかったら、レオン・ブロアが言ったように「主に祈らなかったら、悪魔に祈る」ことになります。イエス・キリストを告白しなかったら、悪魔の虚飾を、悪霊の俗性を、告白することになります。

二〇一三年三月十四日　説教

7

どれほど多くの正しい人が、自らの良心の声に忠実であるため、心の奥底の真実の声を否定しないために、「流れに逆らって生きる」ことを選んでいるでしょうか！　わたしたちも、恐れてはなりません！

二〇一三年六月二十三日　お告げの祈り

8

希望が剝奪され、腐敗した価値が強要されるとき、わたしたちは恐れずに「流れに逆らって」生きなければなりません。「腐敗した価値」は腐った食べ物と同じで、わたしたちに害を与えます。そのような「価値」はわたしたちを悲惨な目にあわせます。

わたしたちは流れに逆らって進まなければなりません！

二〇一三年六月二十三日　お告げの祈り

9

慈しみ、赦《ゆる》し！　主はいつもわたしたちを赦してくださいます。主は慈しみをもち、慈しみ深く、慈しみ深い心をもち、いつもわたしたちを待っておられます。慈しみ、赦し！　主はいつもわたしたちを赦します。主は慈しみを、深い慈しみを、慈しみ深い心をもち、いつもわたしたちを待っておられます。

二〇一三年六月二十三日　お告げの祈り

10

世界には多くの紛争が存在します。しかしその一方、多くの希望のしるしもあります。

二〇一三年六月二日　お告げの祈り

11

一つのことばだけが、残らなければなりません。十字架ということば。イエスの十字架は、世の悪に対して応えた神のことばです。ときには、神が悪に対して応えず、沈黙を守っておられるように感じることがあります。実は、神は語り、応えたのです。その応えとは、キリストの十字架です。愛、慈しみ、赦しを表す一つのことば。また、裁きのことばでもあります。神は「赦す」ことによって裁きます。

二〇一三年三月二十九日　十字架の道行き

12

十字架のことばは、わたしたちのうちに、わたしたちの周りに、行われている悪に対する、キリスト者の応えでもあります。キリスト者は、イエスのように自らが十字架を負うことで、悪に対して善で応えなければなりません。

二〇一三年三月二十九日　十字架の道行き

13

毎日。十字架の道をいっしょに歩きましょう。愛と赦しのこのことばを胸に抱き、歩きましょう。わたしたちを極みまで愛しておられるイエスの復活を待ちながら、歩きましょう。彼のすべてが愛です。

二〇一三年三月二十九日　十字架の道行き

14

すべての人が、他者のうちに、敵や競争者ではなく、迎え入れて抱きしめるべき兄弟を見いだすことができますように！

二〇一三年三月二十二日　談話

15

人それぞれが自分の秤《はかり》でものごとを計ったら、真の平和はありえません。それぞれが、この地上ですべての人に寄り添う自然をはじめ、自分以外のもの、すべての人の善をないがしろにして、自分だけの権利を主張したとしたら……。

二〇一三年三月二十二日　談話

16

実際、神を忘れて人間たちのあいだに橋をかけることはできません。しかし、その逆もそうです。他者を無視して、神との真の関係を生きることはできません。

二〇一三年三月二十二日　談話

17

信仰をもたない人たちとの対話を深めることが重要です。わたしたちを引き離し傷つける「相違」が決して優勢にならないように。相違のうちにも、あらゆる民族間の友情の真の絆《きずな》が勝利するように。

二〇一三年三月二十二日　談話

18

洗礼の日に受けたあの信仰をあふれんばかりに生き、自由で、喜びに満ちた、勇気ある証《あか》しを示すことができるよう、慈しみ深い御父に願いましょう。

二〇一三年三月二十日　談話

19

神は人の手によって築かれた家を求めず、その「ことば」に、その「計画」に、忠実であるようお求めになります。そして、神自らが、家を、築かれます。それは、自らの霊で印された「生きた石」の家。ヨセフはその番人です。神に聴き、そのみ旨に導かれる人だからです。それゆえ、自分に委ねられた者たちに気を配り、出来事の現状を読み解き、周りで起きている状況に注意し、もっとも聡明《そうめい》な決断をすることができます。

親愛なる友人の皆さん、ヨセフのうちに、神の召命にはどのように応えればよいか、すなわち、いつも準備ができていて、すぐに応えられる姿勢を見ることができ、また、キリスト者の召命の中心はキリストであることを見ることができます。わたしたちの生のうちに、キリストを大切に護《まも》りましょう、他者を、全世界を、大切に護るために！

二〇一三年三月十九日　説教

20

決して悲観主義に陥らないようにしましょう。日々悪魔がわたしたちにもたらす辛苦や悲嘆に身をまかせず、ペシミズムや失意に道を譲らないようにしましょう。わたしたちは聖霊がその力強い息吹《いぶき》で最後まで耐え抜く勇気を教会に与えてくれることを確信しています。

二〇一三年三月十五日　談話

21

歩き続けること。わたしたちの人生は道を歩むことであり、止まってはいけません。主の前に、主の光に照らされて、神がアブラハムへの約束のときに彼に望まれた、あの完璧さを生きるよう努めて、歩みつづけましょう。

二〇一三年三月十四日　説教

22

なんと多くのお父さんやお母さんが、家族のために自らの生をささげることで、信仰を実践していることでしょう！　なんと多くの司祭、修道士、修道女たちが、み国の実現のために自らを顧みずに奉仕していることでしょう！　なんと多くの若者たちが自らの利益を放棄して恵まれない子どもたち、障害者、老人のために人生をささげていることでしょう……。これらの人たちも、日々の殉教者です、日常の殉教者たちです！

二〇一三年六月二十三日　お告げの祈り

23

十字架を背負わないで歩くとき、十字架なしで築くとき、十字架のないキリストを公言するとき、わたしたちは主の弟子ではありません。

二〇一三年三月十四日　説教

24

これが、わたしが皆さんに言いたい最初のことばです。喜び！　決して哀《かな》しい人であってはなりません。キリスト者は絶対にそうあることはできないのです！　落胆してはなりません！　わたしたちの喜びは多くを所有するがゆえの喜びではなく、一人の方に出会ったことから生じる喜びです。わたしたちのあいだにおられるイエスです。彼とともにあれば、決して孤独ではないことを知ったことによる喜びです。困難なとき、人生において超えることのできない難題にぶつかったとき（たくさんあります！）。

でも、孤独ではありません……。でも、そのような状況にあるとき、敵がやってきます、多くの場合、天使に化けた悪魔が近づいてきて、欺きのことばをささやきます。耳を貸してはいけません！　イエスに従いましょう！

二〇一三年三月二十四日　説教

25

わたしたちは、自分よりも貧しい人びと、弱い人びと、苦しんでいる人びとのため、正義に味方し、和解を促し、平和を築くために、たくさんのことができます。しかし特に、絶対性への渇望を熱く抱き続けなければなりません。

人間を「生産し消費する存在」という、一つの次元に押し込める風潮が世界で優勢に立つのを阻止しなければなりません。現代社会において、これこそがもっとも危険な落とし穴の一つです。

二〇一三年三月二十日　談話

26

憎しみ、羨望、傲慢が生を汚すことを覚えておきましょう！

護《まも》るとは、わたしたちの感情、すなわち心を「見張る」ことを意味します。まさにそこから善い思いや悪い思い、建設的な意思や破壊的な意思が生まれるからです！　わたしたちは善意を恐れたり、ましてや優しさを恐れたりしてはなりません！

二〇一三年三月十九日　説教

27

受け入れた神のことばと信仰の真実が生へと変容するには、そして、それが実現し成長するには、聖霊のはたらきが必要です。その意味で、マリアから学ぶこと、彼女の「はい」をわたしたちも再び生きることが必要です。自らの生のうちに神の子を全面的に受けたその瞬間から、マリアは変容しました。

二〇一三年五月十五日　謁見

28

真の力とは他者に尽くすことであることを、決して忘れないようにしましょう。

二〇一三年三月十九日　説教

29

あらゆる不可能な希望の上にしっかりと立つ、希望！　今日もまた、灰色の空の隙間に、希望の光を見ることを、そしてわたしたち自身も希望を与えることを、必要としています。

二〇一三年三月十九日　説教

30

イエスは人びとの心にたくさんの希望を目覚めさせました。特に、卑しい身分の素朴な、貧しい、忘れ去られた、この世で何の価値もないとされた人びとのあいだに……。イエスは人間の惨めさを理解されました。わたしたちの体と魂を癒《い》やすために身をかがめ、神の慈しみのみ顔を見せてくださいました。これがイエスです。これが、わたしたち皆に目をやる、わたしたちの病や罪にまなざしを向ける、その心です。イエスの愛は大きい！

二〇一三年三月二十四日　説教

31

主は、わたしたちを赦すことにお疲れになることはありません、決して！　わたしたちのほうが赦しを求めるのに疲れてしまうのです。ですから、疲れることなく赦しを乞う恵みを、主に願い求めましょう。

主は赦すのにお疲れになることは決してありません。

二〇一三年三月十七日　説教

4月

1

いつも変わらぬ毎日が続く生活のなかで、まったく新しい何かが起きたとき、わたしたちはどうするでしょうか？　足を止め、考えても理解できず、どのように対処したらよいか分かりません。わたしたちは往々にして「新しさ」を恐れる場合が多いのです。神がもたらす新しさ、神がわたしたちに求める新しさも同じです。福音書に登場する使徒たちと同様、自分たちが築き上げてきた安全地帯にとどまろうとします。墓の前から立ち去らず、故人へ想《おも》いを馳《は》せますが、結局は「故人」たちは、歴史上の偉大な人物たちのように、わたしたちの記憶のなかにしか、生きることができないのです。

わたしたちは神がまったく新しいことをやってのけることに、恐れを抱きます。親愛なる兄弟姉妹の皆さん、わたしたちの生は、神の「新しさ」に戸惑います！　主はいつもわたしたちを驚かせる！　主とはそのような方なのです。

二〇一三年三月三十日　説教

2

わたしたちの生のなかに神がもたらそうとされる「斬新さ」に対して、閉ざされていてはなりません！　わたしたちは往々にして、疲れていたり、落胆していたり、哀《かな》しかったり、罪の重さを背負っていたり、「もうこれまでだ」と思ったりします。

自分の殻に閉じこもらないようにしましょう。信頼を失わず、決して諦めないようにしましょう。神が変えることのできない「状況」は、ありません。主に扉を開きさえすれば、主が赦してくださらない罪などありません。

二〇一三年三月三十日　説教

3

聖書の解釈は、学術的努力と個人的努力だけによるものではありません。教会の「生きた伝統」と対峙《たいじ》し、そのなかで育まれ、それを通じて証《あか》されなければなりません。

二〇一三年四月十二日　談話

4

神にとって大切なのは心。どれほど、わたしたちの心が彼に向けて開かれているか、どれほど、わたしたちが信頼しきった子どものようであるか、です。

二〇一三年四月三日　謁見

5

わたしたちの信仰の歩みにおいて大切なのは、神がわたしたちを愛しておられることを知り、感じること、怖《おそ》れずに彼を愛することです。

信仰は、口と心、ことばと愛によって告白します。

二〇一三年四月三日　謁見

6

わたしたちの信仰は、土台の上に家が建てられるように、キリストの死と復活という土台の上に据えられます。土台が崩れれば家全体が倒壊します。イエスは十字架上で、わたしたちの罪を担い、自らをささげ、死の深《しん》淵《えん》に下りました。そして復活によって罪に打ち勝ち、罪を除き、新しい生に復活する道を、わたしたちに開いてくださいました。

二〇一三年四月十日　謁見

7

神との親子関係は、わたしたちの生の片隅に隠してとっておく宝のようなものではありません。むしろ、神のことばを聴き、祈り、秘跡、特に悔い改めとご聖体の秘跡にあずかること、そして愛によって日々養われ、成長してゆくべきものです。

二〇一三年四月十日　謁見

8

わたしたちは神の子として生きることができるのです！　これが、わたしたちの尊厳です。わたしたちは子としての尊厳をもっています。尊厳とは、子として振る舞うことにあります！　それは何を意味するかというと、毎日、キリストがわたしたちを変容させ、彼のようになるようはたらきかけてくれるのを、受け入れることです。その意味は、キリスト者として生きるよう努めること、自分の限界や弱さを認めつつも、彼の後を追うよう努力することです。

二〇一三年四月十日　謁見

9

自分の過ちや罪を見て勇気を失わず、神の子として振る舞い、主に愛されていると感じる……そうであってのみ、わたしたちの生は、平穏と喜びがあふれる新しい生となるのです。神こそ、わたしたちの力！　神こそが、わたしたちの希望です！

二〇一三年四月十日　謁見

10

希望はわたしたちを裏切りません。主が抱いておられる希望は！　何度わたしたちは、人生を生きていくなかで希望が消え、心の底から期待していたことが実現しないという体験をしてきたことでしょう！

わたしたちキリスト者の希望は、神が歩むようにとわたしたちを招かれたこの地上で、強く、確かで、堅固です。そして、いつも忠実に神を基としているため、永遠へと開かれています。

二〇一三年四月十日　謁見

11

洗礼をとおしてキリストとともに復活した者として、「腐敗しない遺産」の信仰のたまものをいただいたわたしたちは、より熱心に「神のこと」を探求し、もっと彼を想《おも》い、もっと彼に祈るようになりましょう。

二〇一三年四月十日　謁見

12

キリスト者であるとは、単に「掟《おきて》に従うこと」ではありません。キリストのうちにあって、彼と同じように考え、同じように振る舞い、同じように愛することを意味します。

彼がわたしたちの生を所有し、それを変え、変容させ、悪と罪の闇から解放するよう、自らを彼に委ねることです。

二〇一三年四月十日　謁見

13

神の子である喜びを発散させましょう。キリストのうちに生きることで与えられる自由を。それこそが、悪の、罪の、死の隷属から救い出してくれる、真の自由です。

二〇一三年四月十日　謁見

14

天の故郷を仰ぎ見ましょう。そうすれば、わたしたちの日常の務めや苦労に、新しい光と力が射《さ》し込むでしょう。

それは、上を仰ぐことができなくなっている世界、神へまなざしを向けることができなくなっているこの世界に向けて、わたしたちが果たすべき貴い務めなのです。

二〇一三年四月十日　謁見

15

声の不可思議さに、暗示を与えられます。母の胎内にいるときからわたしたちはお母さんの声、お父さんの声を、識別できるそうです。わたしたちは声のトーンから愛や侮蔑、情愛や冷淡さを感じることができます。イエスの声は唯一です！　もしその声を識別できるようになったら、彼はわたしたちをいのちの道へ、死の深淵《しんえん》さえも超える道へと導いてくれるでしょう。

二〇一三年四月二十一日　「レジナ・チェリ」　復活節の聖母賛歌

16

もしわたしがイエスに惹《ひ》かれ、彼の声がわたしの心を熱くするとしたら、それはわたしのうちに愛、真実、生、美への願望を植え付けてくれた父なる神のお陰です……。そしてイエスはこれらすべて──愛、真実、生、美──の充満です！

このことが、召命の神秘を理解する助けとなります。

二〇一三年四月二十一日「レジナ・チェリ」復活節の聖母賛歌

17

ひとりの人がほんとうにイエス・キリストを知り、彼を信じたら、自らの生のうちにその存在を感じ、その復活の力を体験するでしょう。そして、その体験を人に伝えないではいられないでしょう。もしこの人が無理解や逆境に遭遇しても、イエスがその受難のときにされたように、愛をささげ、真実の力をとおして応えるでしょう。

二〇一三年四月十四日「レジナ・チェリ」復活節の聖母賛歌

18

兄弟愛は、「生きたイエス」がわたしたちとともにあること、彼が復活したことの、もっとも身近なところでできる証しです。とりわけ、迫害に苦しんでいるキリスト者たちのために祈りましょう。現在の世界では、多くの国で、迫害に苦しんでいるたくさんのキリスト者たちがいます。彼のために、愛をもって、心を込めて祈りましょう。

二〇一三年四月十四日　「レジナ・チェリ」　復活節の聖母賛歌

19

聖母マリアがわたしたちに同伴してくださるよう、その取り成しを祈りましょう。信仰をもってカルワリオの丘までわが子についていかれたマリアが、わたしたちも自らの十字架を心静かに愛をもって背負いながらイエスの後についていき、復活の喜びに達することができるよう、助けてくださいますように。「悲しみのマリア」が、困難な状況にある人を特に支えてくださいますように。

二〇一三年三月二十四日　お告げの祈り

20

復活されたイエスがあなたの生に入ってこられるよう、あなたの友として、信頼して迎え入れましょう。主イエスは生です！　もしあなたが今まで彼から遠くあったとしても、小さな一歩を踏み出してみましょう。両手を広げて迎えてくれるでしょう。もし無関心であったとしても、リスクを冒してみましょう。失望することはありません。もしその後に続くのが難しいと思っていたら、心配せずに、み手に委ねましょう。あなたのそばにいて、あなたとともにあり、あなたが求めている平和を、主がお望みのように生きる力を、主はあなたに与えてくれるでしょう。

二〇一三年三月三十日　説教

21

神があなたや、わたしたちに、してくださった、そして、してくださっていることを記憶し、今まで歩んだ道を記憶すること。それによって心が未来への希望に開かれます。わたしたちの人生に神がしてくださったことを、いつも覚えていましょう！

二〇一三年三月三十日　説教

22

残念なことですが、イエスの復活への信仰に影を落とそうとすることがよくありましたし、信者のあいだにも疑心が忍び込んだりします。よく言われる「ローズ水のような信仰（うわべだけの信心）」、強くない信仰のことです。それは、信仰以上に重要だと思うたくさんの雑多なことに関わって表面的になり、無関心に陥るため、あるいは生に対して平面的なビジョンをもっているからです。しかし復活こそがわたしたちに、より大きな希望へと向かわせてくれるのです。わたしたちの生、世界の生を、神の永遠性へと向かわせ、あふれんばかりの幸せ、悪や罪や死が打ち負かされるという希望を抱かせてくれるからです。

二〇一三年四月三日　謁見

23

キリストの復活は新しい光で日常の現実を照らします。キリストの復活はわたしたちの力です！

二〇一三年四月三日　謁見

24

イエスが生きておられることを知る喜び、心を希望ではち切れそうにするその喜びは、せきとめることができません。これは、わたしたちの日々の生活のなかでも起きなければなりません。キリスト者である喜びを味わいましょう！

二〇一三年四月三日　謁見

25

わたしたちは悪と死に勝利した、復活されたひとりの方を信じています！　この喜び、この光をわたしたちの生のあらゆる場所にもたらすため、「出発する」勇気をもちましょう！

二〇一三年四月三日　謁見

26

キリストの復活は、わたしたちのもっとも偉大な確かさです。もっとも貴い宝です！　このような宝、このような確信を、人びとと分かち合わずにいられるでしょうか？　自分のためだけに与えられたのではありません。人びとに伝え、与え、分かち合うためです。それこそが、わたしたちの証《あか》しです。

二〇一三年四月三日　謁見

27

神は人間の基準に従ってはお選びになりません。イエスの生誕の最初の証人は羊飼いたち、素朴で身分の低い人びとでした。復活の最初の証人は女性たちです。これは素晴らしいことです。いわば、これは女性たちの使命とも言えます。母親たち、女性たちの使命！　イエスが生きていること、復活し、永遠に生きる方であることを、子や孫たちに証しすること……。

二〇一三年四月三日　謁見

28

わたしたちには復活されたイエスが自らを分からせてくださる、たくさんの「しるし」があります。聖書、ご聖体、その他の秘跡、愛、復活した方の光が射《さ》す愛の業……。キリストの復活の光を浴びましょう、その力で変容されましょう、わたしたちをとおしても、この世界に、「生のしるし」がもたらされ、「死のしるし」が消えてゆきますように。

二〇一三年四月三日　謁見

29

皆さんに言いたいです。この「確かなこと」を推し進めましょう。主は生きておられます。わたしたちの生を貫き、わたしたちの傍《そば》を歩いておられます。これこそが皆さんの使命、ミッションです！

この希望に、天にあるこの錨《いかり》に、つながっていてください。天の錨に結ばれた綱をしっかり握りましょう。そして、この希望を広める航海に出ましょう。

二〇一三年四月三日　謁見

30

イエスは生きておられます。これは、わたしたちに希望を与えてくれます。戦争、悪、罪によって疲弊したこの世界に希望を与えてくれます。

二〇一三年四月三日　謁見

5月

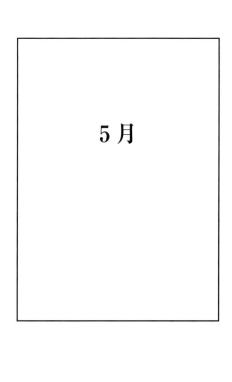

1

労働は、神の愛の計画の一部です。わたしたちは「創られしものの世界」のあらゆるものを世話し、大切に護《まも》るよう呼ばれています。そうすることによって、天地創造の業に参加するのです！

人の尊厳にとって、労働は根本的な要素です。たとえて言うと……労働はわたしたちに尊厳という「聖油を注ぎ」、わたしたちを尊厳で満たしてくれます。これまで、そして今もはたらき続ける神に似た者にしてくれるのです。

二〇一三年五月一日　謁見

2

この五月という月に、聖なるロザリオの祈りの大切さと美しさについてお話ししたいと思います。アヴェ・マリアを唱えることによって、イエスの人生で起きたもっとも核心的ないくつかの場面を想《おも》い、イエスの神秘を仰ぎ見るよう招かれます。マリアとヨセフにとってそうであったように、イエスがわたしたちのあらゆる思い、注意、行動の中心となるように。

とりわけこの五月という月に、家庭や教会で、友人たちや皆と、聖なるロザリオを唱えたり、イエスと、おとめマリアに祈りをささげたりするなら、なんと素晴らしいことでしょう！　ともに祈る時間は、家族の絆《きずな》を強め、友情を育むのに貴重なひと時です！　もっと家庭内で祈ること、皆で家族のように祈ることを、学びましょう！

二〇一三年五月一日　謁見

3

神が愛であることに思いを馳《は》せるのは、とてもよいことです。イエスがわたしたちに自らをささげ、わたしたちとともに歩んでおられるように、わたしたちに、愛すること、他者のために自らをささげることを、教えてくれるからです。

二〇一三年五月二十六日　お告げの祈り

4

聖母マリアは、純粋な心で神のことばに耳を傾け、イエスの身に起きる事柄を、心の中で思い巡らせていました。うちなる決意と揺るぎない希望で息子の後に続きました。わたしたちが自らの良心により従順であり、良心のうちにより自由であるよう、聖母マリアが助けてくださいますように。自己の深い良心のなかで、わたしたちは神と対話するからです。わたしたちが、神の声を聴くことができ、決然として従う者でありますように。神の声を聴くことができ、信念をもって従う者……。

二〇一三年六月三十日　お告げの祈り

5

神は「漠然とした何か」ではないことを認めましょう。わたしたちの神は「スプレー」のような存在ではなく、具体的です。抽象的ではなく、名ももっています。「神は愛。」一瞬心をときめかせるだけの感傷的な愛ではありません。あらゆる生の源である「御父」の愛、十字架上で死に、復活する「子」の愛、人間と世界を新しくする「聖霊」の愛です。

二〇一三年五月二十六日　お告げの祈り

6

イエスに導かれるままにすると、あなたは想像さえしなかった「イエスが準備した驚くべきこと」に遭遇することになります。

福音活動について、それを企画したり、方策を考えたり、計画を立てたりすることはできます。でも、そのようなことは単なる道具、小さな道具でしかありません。重要なのはイエスであり、イエスに導かれるままにすることです。その次に、有効な方策を練ることはできますが、それは二義的なことです。

二〇一三年五月十八日　談話

7

「聖三位一体」は人間の理性から生まれたものではありません。神が啓示された自らの姿です。それも壇上から示されたのではなく、人類とともに歩みつつ啓示されました。まことに、イエスが御父を啓示し、聖霊を約束してくださったのです。

神はイスラエルの民の歴史のなかで自らの民とともに歩みました。そしてイエスは、いつもわたしたちとともに歩む炎、わたしたちが知らないすべてを教え、わたしたちのうちにあって導き、よい思いやインスピレーションを与えてくれる聖霊を、わたしたちに約束しました。

二〇一三年五月二十六日　お告げの祈り

8

わたしたちの母マリア、マドンナは、わたしたちのために輝く、「確かな希望」のしるしです。希望の母。わたしたちの人生の歩みの、聖マリアは希望の母です。慰めてくれる母……。慰めの母、人生の道のりに同伴してくれる母です。

二〇一三年五月二十六日　お告げの祈り

9

わたしは多くの人びと、そして子どもたちの、苦しみを思います。彼らを奴隷のように扱い、強制労働をさせ、売春させ、社会的虐待を行う、さまざまなマフィアの犠牲になっている人びとです。このような搾取、このような隷属関係の裏には、さまざまな形のマフィアが存在します。主がそのような者たちの心を回心させてくださるよう、祈りましょう。（人間なら）このようなことはできないはずです！　わたしたち人間を、兄弟を、奴隷にしてはなりません！

わたしたちは主に祈らなければなりません！

二〇一三年五月二十六日　お告げの祈り

10

マリアの振る舞い方は、三つのことばでまとめられます。傾聴、決意、行動。耳を傾け、心を決め、行動する……。

わたしたちにとっても、これは自らの人生において主の要望に応える道、とるべき道を示してくれます。耳を傾け、心を決め、行動する……。

二〇一三年五月三十一日　談話

11

マリアは主に傾聴するすべを知っています。単に「耳で聞く」のではありません。意識を集中し、主を迎え入れ、神へ自らを差し出して「耳を傾ける」のです。わたしたちがよく主に対してそして他者に対してするように、上の空で聞くのとは違います。往々にして、わたしたちはことばを「音として」聞きますが、真に傾聴してはいません。マリアは神に注意を集中させ、傾聴します。

二〇一三年五月三十一日　談話

12

人生で何かを決断するのは、いつも難しい。よくあることですが、決断を先送りにし、自分の代わりに他の人が決めてくれるのを待ったり、なるがままに任せたり、その場の傾向になびいたりします。しなければならないことを知っていても、それを実行する勇気がなかったり、それが一般的傾向に逆流するため、あまりにも難しいと思ってあきらめてしまうこともあります。お告げのマリア、訪問のマリア、カナの婚礼のマリアは流れに逆らって行動します。マリアは流れに逆らって振る舞います。神に耳を傾け、心のなかで考え、現状の理解につとめ、神にすべてを任せることを決断します。身重なのに年老いた親戚、エリザベトを訪問することを決意し、婚礼の喜びを救うため、「子」に懇願し、委ねる決意をします。

二〇一三年五月三十一日　談話

13

わたしたちに語りかける主に、そして日常の現実に、耳を傾け、人びとや出来事に注意を払いましょう。主はわたしたちの生の扉の前に立ち、さまざまな方法で扉をたたきます。わたしたちの歩む道に「しるし」を置きます。わたしたちにとって必要なのは、それらの「しるし」に目を留めることです。

マリアは傾聴の母です。神の声を注意深く聴くだけでなく、同じように注意深く自らの生に起きる出来事に耳を傾けます。

二〇一三年五月三十一日　談話

14

　ときどき、わたしたちも立ち止まって耳を傾け、すべきことについて省察します。もしかしたら、自らが決断すべきことが、はっきり分かるかもしれません。しかし、その行動への第一歩をなかなか踏み出すことができません。とりわけ、わたしたちの助けを、理解を、愛をもたらすために、自らリスクを帯びてまで他者の方へ「急いで」出発しようとはしません。マリアのように、自らが受けたもっとも貴いもの、イエスとその福音を、ことばとさらに実践という証しを通じて、わたしたちももたらそうとは、しません。

二〇一三年五月三十一日　談話

15

人権についてこれほど頻繁に語られるこの世界において、人の尊厳がなんと頻繁に足蹴にされていることか！　権利についてかくも頻繁に語られる世界において、それをもっているのは唯一「金銭」のようです。

親愛なる兄弟姉妹の皆さん、わたしたちは金銭への崇拝が圧倒的に支配する文明のなかに生きています。

二〇一三年五月二十四日　談話

16

実際、わたしたちは、それぞれの多様な相違をとおして、民族間の連帯と対話を大切にしながら一致に向かって歩む、人類という唯一の家族なのです。

二〇一三年五月二十四日　談話

17

難民の人たち、祖国を奪われた人びとのまなざしと心のなかに、希望の光をも見いだせるよう、皆さん全員に呼びかけたいです。その希望は、待ち受ける未来の可能性や新しい友情関係のなかに表れるでしょう。迎え入れてくれた社会に参加したいという願望、言語を習得し、職につき、子どもたちに教育を受けさせたいという願いのなかに、きっとその光を見ることができるでしょう。自らの存在に再び喜びと愛が戻ってくる日までと念じ、徐々に戻ってくる平常の生活に望みをかける人びとの勇気を尊敬します。わたしたち皆でこの希望を育むことができるし、そうしなければなりません！

二〇一三年五月二十四日　談話

18

「家」とは、家庭のなかで体験する温もり、情愛、愛を思い起こさせる、家族的な味わいのことばです。年齢も文化も歩んできた人生も異なる人びとが集い、ともに生活し、成長するために助け合うという、人間にとっての最高の豊かさを「家」は具現化します。だからこそ「家」は人間の生における決定的な場所。一人ひとりが愛を受け愛を与えることを習得する場所であるゆえに、生における決定的な場所なのです。

二〇一三年五月二十一日　談話

19

神を愛し人を愛するのは、決して抽象的なことではなく、ほんとうに具体的なことです。すべての人のうちに仕えるべき主の姿を見、実際に仕えることを意味しているからです。

二〇一三年五月二十一日　談話

20

抽象性のなかに信仰を見いだすことはできません、絶対に！　いつも宣教する人がいて、わたしたちにイエスとは誰かを語り、信仰を伝え、最初の告知をしてくれます。わたしの最初の信仰体験は、そうでした。

二〇一三年五月十八日　談話

21

わたしたちの生において、わたしたちは決して孤独ではありません。待っていて、護《まも》ってくれる、弁護士がいます。決して孤独ではありません。十字架にかけられ、復活した、主がわたしたちを導いてくれています。

たくさんの兄弟姉妹がわたしたちとともにいて、静かに、ときにはひそかに、家庭や職場の生活のなか、問題や困難を抱えながら、喜びや希望を抱きつつ、日々信仰を生き、わたしたちとともに、復活し昇天したキリスト、わたしたちの弁護士であるキリストのうちに、神の愛の支配を世にもたらす努力をしています。

二〇一三年四月七日　謁見

22

マリアはわたしたちをイエスのもとに連れていき、どのようにイエスのもとに行けばよいか教えてくれます。そしてイエスの母はわたしたちの母であり、わたしたちとイエスといっしょに家族をつくります。

二〇一三年五月二十二日　謁見

23

わたしたちは皆、与えること、無償、連帯の意識を、取り戻さなければなりません。獰猛《どうもう》な資本主義が、何をおいても利潤を得ること、得るために与え、人を人とも思わずに搾取するという論理を教えこんできました。その結果は、現在わたしたちが目の前にしている社会の危機状態に表れています。

二〇一三年五月二十一日　談話

24

わたしたちは主を探し求め、赦《ゆる》しを求めて主のもとに行かなければならないと言っていますが、いざたどり着くと、主はもうそこでわたしたちを待っておられます。わたしたちに先んじて待っておられるのです！

二〇一三年五月十八日　談話

25

主はわたしたちを待っておられます。わたしたちが彼を探し求めると、その現実に出会います。自らの愛をわたしたちに与えようと、主が迎えにきておられるのです。このことは信じがたいほど、あなたを驚嘆させるでしょう。こうして信仰が成長していきます！

二〇一三年五月十八日　談話

26

誰かが、こう言うかもしれません。「いや、わたしは本から信仰を学びたいです」と。信仰について学ぶことは大切です。でも、それだけでは十分ではありません！　大切なのはイエスとの出会い、彼との出会いです。この出会いによって、あなたは信仰を得ます、まさに彼があなたに信仰を授けるからです！

二〇一三年五月十八日　談話

27

主とともにあれば、わたしたちは大丈夫です。信仰は主とともに、み手によって育っていきます。このことは、わたしたちを成長させ、強くします。

二〇一三年五月十八日　談話

28

毎日、わたしを強くしてくれること、それは聖マリアにロザリオの祈りをささげることです。大きな力を感じます。マリアのもとに行くと、力がみなぎります。

二〇一三年五月十八日　談話

29

もしわたしたちが、さまざまなよいことを企画したり実行しようとしても、イエスなしでは前に進められず、うまくいきません。イエスはもっと大切なのです。

二〇一三年五月十八日　談話

30

わたしたちは祈らなければ、語らなければ、言わなければ……と思い込んでいます。いいえ！　神のまなざしを受けましょう。主がわたしたちをごらんになるとき、そのときには、力を与え、「彼を証《あか》す」よう助けてくださいます。

二〇一三年五月十八日　談話

31

わたしたちキリスト者にとって、隣人への愛は神の愛から生まれます。隣人愛は、神の愛のもっとも清らかな表れです。

二〇一三年五月二十二日　談話

6月

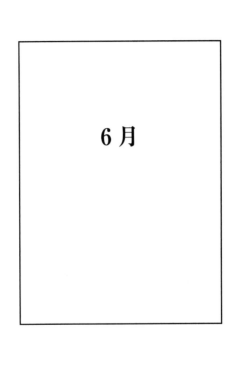

1

イエスの心は神の慈しみの究極の「象徴」です。でも架空の象徴ではなく、実《ほんもの》の象徴。全人類への救いがそこからほとばしり出る源泉です。

二〇一三年六月九日　お告げの祈り

2

主はいつもわたしたちのことを慈しみをもって見ておられます。そのことを忘れてはなりません！　いつも慈しみをもって……。わたしたちのことを慈しみをもって待っておられます。主に近づくことを恐れてはなりません！　慈しみの心をもっておられます。わたしたちの心の奥底の傷や罪を見せれば、彼はいつも赦《ゆる》してくださいます。主は慈しみそのものです。イエスのもとに行きましょう！

二〇一三年六月九日　お告げの祈り

3

何よりも「福音を生きる」ことこそ、わたしたちができるもっとも大切な貢献です。教会は政治団体でも、構造化された組織でもありません。わたしたちはNGOでもありませんし、もし教会がNGOになれば「塩」を失ってしまい、なんの味もない空虚な組織になってしまいます。これに関しては、皆さん、「狡猾《こうかつ》」であってください……。悪魔はわたしたちを騙《だま》そうとし、効率主義に陥る危険が存在します。イエスを宣教するのと、効果を上げることとは、まったく違います。

二〇一三年五月十八日　談話

4

教会の価値とは、本質的に福音を生きること、自らの信仰を証《あか》すことです。教会は地の塩、世の光であり、み国のパン種を社会のなかにもたらすように招かれています。そして、それはおもに自らの証し、兄弟愛の、連帯の、運命や境遇を分かち合う共有の証しによってなされます。

二〇一三年五月十八日　談話

5

世界が危機的状態にある現在、自分のことだけを心配している場合ではありません。孤独、勇気の喪失、問題解決に対する無気力などの殻に閉じこもっている場合ではありません。閉じこもらないでください、お願いです！　それは危険です。わたしたちはまた、自分の小教区、友人、有志グループ、自分と同じ考えをもつ仲間たちのなかに閉じこもってしまいがちです。しかし、そんなことをしたらどうなるでしょう、ご存じですか？　教会が閉鎖的になったら病気になります、病気です。一年間閉まっていた部屋のことを想像してみてください。その部屋に入ると湿った臭いがします。いろいろなことが悪い状態になっています。閉ざされた教会は同じこと、病んだ教会です。

二〇一三年五月十八日　談話

6

自らの信仰を生きることで、わたしたちは「出会いの文化」を創造しなければなりません。友情の文化、そこで兄弟を見つけることができる文化、わたしたちと同じように考えない人びとや他宗教の信仰者たち、同じ信仰をもたない人びととも語り合える文化です。

二〇一三年五月十八日　談話

7

皆さんにこう言いたいです。閉ざされた、病的な教会よりは、「事故っている教会」、いわば事故で損傷を受けた教会のほうを、わたしは千倍好みます！　外に出ましょう、出ていってください！　黙示録がなんと言っているか、思い出してください。美しいことばです。

イエスは「戸口に立って、呼んでいる」、わたしたちの心のなかに入ろうとして呼んでいます。

二〇一三年五月十八日　談話

8

信仰とはイエスとの出会いです。そしてわたしたちは、他者に会うということ、イエスがすることと同じことをしなければなりません。

二〇一三年五月十八日　談話

9

教会は「自分の殻」から出なければなりません。どこへ向かって？　人間存在の「街はずれ」へ。それがどこであろうと、かまいません、でも外に出ていかなければなりません。イエスはわたしたちに言います。「全世界に行きなさい！　行きなさい！　福音を宣べ伝えなさい！　福音の証し人になりなさい！」

二〇一三年五月十八日　談話

10

もし自分の殻から出ていけば、貧しさに出会います。

今日では――これを口にすると心は痛みます――ホームレスが凍死してもニュースにはなりません。今ではおそらく、「不祥事」だったらニュースになります。「不祥事」、そう、それはニュースになります！　今日、たくさんの子どもたちが食べるものがなくてもニュースにならないことを思ってください。これは重大です！　わたしたちの心は平安でいることはできません！

二〇一三年五月十八日　談話

11

わたしたちは「パリッと糊《のり》のきいた」シャツを着た、あまりにも礼儀正しいキリスト者、落ち着いてお茶を飲みながら神学的テーマについて語るようなキリスト者になることは、決してできません！　いいえ！　わたしたちは勇気あるキリスト者になり、「キリストの肉」なる人びとを探し求めていかなければなりません。「キリストの肉」なる人びとのところへ！

二〇一三年五月十八日　談話

12

わたしが以前いた教区で聴罪司祭をしていたとき、告解をしにきた人びとにいつもこんな質問をしていました。「あなたは施しをしますか？」――「はい、神父様。」「よいことですね……。」そして、さらに二つの質問をしていました。「あなたが施しをするとき、相手の方の目を見ますか？」――「そうですね……気がつきませんでした。」もう一つの質問は、「施しをするとき、その人の手に触れますか、それともお金を投げますか？」

これは大切な問題です。キリストの肉、キリストの肉に触れ、「貧しい者たちの苦しみ」を、わたしたちが背負うこと。

二〇一三年五月十八日　談話

13

わたしたちは皆、福音の貴い宝を世にもたらすのに、自分の貧しさ、自分の弱さを体験しています。でも、いつも聖パウロのことばを思い起こしましょう。「わたしたちは、このような宝を土の器に納めています。この並外れて偉大な力が神のものであって、わたしたちから出たものでないことが明らかになるために」(2コリント4・7)。このことばがいつもわたしたちに勇気を与えてくれるはずです。福音を宣べ伝える力は神からくること、神のものだということです。

二〇一三年五月十七日　談話

14

貧しい者たちのための貧しい教会は、「キリストの肉」なる人びとに向かっていくことから始まります。「キリストの肉」なる人びとの方に向かうと、わたしたちは、「何か」を理解し始めます。この貧しさ、この主の貧しさとは何かを……。

二〇一三年五月十八日　談話

15

今日、このようなことが起きています。銀行での投資が少しでも減少すると、どうしよう……と、大波乱になります。でも人びとが餓死したり、食べるものにもこと欠いたり、健康でいられなかったりしても、「何でもありません！」これが、わたしたちの現在の危機なのです！　貧しい人びとのための貧しい教会は、このようなメンタリティーに対抗します。

二〇一三年五月十八日　談話

16

まだキリストのことを知らないでいる人びと、キリストに出会っていないたくさんの人がいます。神の恵みがすべての人の心に触れ、すべての人が主のもとに行けるよう、新しい「かたち」、新しい道を見つけることが緊急です。

二〇一三年五月十七日　談話

17

殉教は決して敗北ではありません。殉教は、わたしたちがなすべき証しの、もっとも高い段階です。わたしたちは殉教に向けて歩んでいます。「これを諦める」とか「これをすることにする」とか、小さな殉教に向けて歩んでいます……。いつも、わたしたちは歩んでいます。

二〇一三年五月十八日　談話

18

福音を宣べ伝えるには二つの徳、勇気と忍耐が必要です。

二〇一三年五月十八日　談話

19

わたしたちが信仰のたまものを受けたのは、それを隠しておくためではなく、多くの兄弟たちの歩みを照らすことができるよう、広く行き渡らせるためです。

二〇一三年五月十七日　談話

20

貧しさとは、わたしたちキリスト者にとって、社会的、哲学的または文化的なカテゴリーではありません。いいえ。それは神学的なカテゴリーです。おそらく、第一のカテゴリーといえるでしょう。あの神、あの神の子は、自らを低くし、わたしたちとともに歩くために貧しくなったからです。

二〇一三年五月十八日　談話

21

わたしたちはいつも聖霊に対して開かれているよう、呼ばれています。神の慈しみの、その優しさの道具。すべての人へのその愛、特に貧しい人、疎外された人、遠くにいる人への愛の道具であるように、自らのすべてをささげるよう呼ばれています。これはすべてのキリスト者、全教会にとって、「任意の」使命ではありません。任意ではなく、本質的な使命です。

二〇一三年五月十七日　談話

22

心理的結果をもたらすいくつかの「病気」が増えています。富裕国と呼ばれる国々を含む多くの人びとの心を、恐れや絶望が支配しようとし、生きる喜びが減少しています。許しがたい状況や暴力が増大し、貧しさは、より「目で見える」ようになってきています。生きるために、闘わなければならず、それも、多くの場合、尊厳などない状態のなかで生きるためです。このような状況の原因の一つは、わたしたちの金銭との関係、わたしたちの上にそして社会の上に金銭が支配するのを受け入れたことにあるのではないかと思われます。こうして、わたしたちが体験している金融危機は、人類の深い危機に内在する、その最初の原因を忘れさせます。「人間の優位」の否定です！　わたしたちはさまざまな新しい偶像を造ってしまいました。

二〇一三年五月十六日　談話

23

決して忘れてはならないのは、真の権能とは、いかなるレベルにおいても、仕えることであり、その輝かしい頂点は十字架上にあることです。

二〇一三年五月八日　談話

24

み国のためにささげた貞潔は、成熟した自由のうちに「愛する力」があることを示し、神の優位性を輝かす、「未来世界」の一つのしるしとなることを示します。でも、お願いします、教会のなかに多くの霊的な子を産む「実り豊かな」貞潔であるように。奉献された者は母なのです。「独身女性」ではなく、母であってくださいね。

二〇一三年五月八日　談話

25

連帯もそうですが、倫理も迷惑なものとされます！　人間性を大切にしすぎ、生産性に逆らうと思われています。金銭や権力を絶対化せず、生身の人間を思いのままに扱い服従させることを拒否するので、権力の座にある者たちにとって脅威となるからです。

倫理は神のもとに導きます。そして神は、市場のあらゆるカテゴリーの外に身を置きます。金融人、経済人、政治家たちにとって、神は「管理できない」存在と認識されます。神は管理できない、危険とさえされる。というのは、神はあらゆる隷属から独立し、自らを最大限に実現するよう、人間を招いているからです。

二〇一三年五月十六日　談話

26

愛のうちに礼拝することと、尽くすこと。この二つは分かつことができず、いつもいっしょに歩まなければなりません。自分には何も取っておかず、主を礼拝し、他者に尽くす。これこそが権限を行使する者の「無一物」性です。

二〇一三年五月八日　談話

27

いつも、同伴しつつ、助けながら、愛をもって、「ゆだねられた権限の行使」ができる者であってください。すべての人を、とりわけ、孤独のなかにあり、疎外され、心が乾ききったと感じている人、心の「街はずれ」を生きている人を、抱きしめながら。

いつも十字架にまなざしをしっかり向けていてください。教会のなかのいかなる「権限者」にとっても、主が自らのすべてをささげるに至るまでしもべとなったその場所――十字架――が、自分の場所なのです。

二〇一三年五月八日　談話

28

すべてのキリスト者にとって、福音を告げ、その証しをすることは、決して「孤立した」行為ではありません。これは大切なことです。すべてのキリスト者にとって、福音を告げ、証すことは、決して「単独で孤立した」、またはそのグループだけの、行為ではないのです。

パウロ六世が思い起こさせてくれるように、いかなる宣教者も、「個人的なインスピレーションの力で」ではなく、「教会の使命と一致し、その名において」行動します。

二〇一三年五月八日　談話

29

よく覚えていてください。洗礼の日に神から皆さんに与えられた信仰は、皆さんがもつ、もっとも貴い宝です！

二〇一三年五月六日　談話

30

互いに相手に注意を払い、もし誰かが困難に遭っていたら、それに気づいてください。その人に耳を傾け、傍にいてあげてください。相手のために、互いに祈ってください。ご聖体をとおしてイエスから受ける一致を、互いに助け合うなかで実践してください。

二〇一三年五月六日　談話

7月

1

深く主と一致していれば、人生におけるハードルや挑戦に対し、成熟した人として、揺るぎない確信をもって立ち向かうことができます。復活徹夜祭の典礼のことばのように、復活された主は「世の闇に打ち勝ちたもうた永遠の王」なのですから。

主のみが真理であり、道であり、生《いのち》です。

二〇一三年五月六日　談話

2

これは魂の慰めとなる、よい思いです。主はいつもわたしたちとともに働いておられます。とりわけ困難や試練にあるとき、わたしたちを支えるために傍にいてくださることを、忘れないように。

心から皆さんを祝福します。主の輝かしい、慈しみに満ちた存在の、喜びと慰めをいつも感じることができますように。

二〇一三年五月六日　談話

3

イエス・キリストは、その受難、死、復活によって、わたしたちに救いをもたらし、わたしたちが神の子であり、真実において、神を「父」という名で呼ぶ恵みと喜びを与えてくださいます。

二〇一三年五月四日　談話

4

後戻りできない最終的な責任、全人生を巻き込む責任を担うことを、恐れないように！　このようにして、生は実り豊かなものになります！

それが、「自由」です。大きな心でこのような決意をする勇気をもつこと。

二〇一三年五月四日　談話

5

わたしたちは知っています、一致とは何よりも神のたまものであり、そのために不断に祈り続けなければならないことを。

そしてわたしたちには、この途方もない恵みを迎えられるよう、必要な状況を整え、心の大地を耕すという務めがあります。

二〇一三年六月二十八日　談話

6

イエスのように、一切見返りを求めずに尽くすこと、これは素晴らしいことです。イエスはわたしたち皆に尽くし、代償として何も求めませんでした！　イエスはすべてを無償で行いました。あなた方もすべてを無償でしてください。皆さんの報酬はまさに、主に仕える喜び、それを主とともにする喜びです。

二〇一三年六月二十三日　談話

7

権力の行使、戦争、栄養不良、疎外、暴力、基本的自由の侵害、そして、現在起きているように、食物の第一の使用目的を忘れ、他の商品と同じように価格を変動させている金融取引……このような問題山積の社会で、人間の人格、人間の尊厳は、抽象的なものと錯誤される危険があります。わたしたちの責任とは、現代世界の状況のなかで、人間の人格、人間の尊厳を、目を向けるべき重要課題というより、むしろ、皆が納得する規律や構造がそれを礎に築かれるものであることを再提示することではないでしょうか。規律や構造は、実用主義や単なる技術志向を超えて、人びとのあいだの分裂をなくし、人間存在の格差を埋めるものでなければなりません。

二〇一三年六月二十日　談話

8

わたしたちは、すべての人に、特にわたしが「人間存在の街外れ」と呼ぶ人びとに福音を告げるために自ら出ていく「キリストとともにある教会」でしょうか、それとも、自分の殻に、自分のグループ、自分が属するちっぽけな教会に、閉じこもっているのでしょうか？　それとも、偉大な教会、母なる教会、わたしたちを使命に招き、わたしたちを自分の殻から出ていかせる教会を愛しているでしょうか？

二〇一三年六月二十二日　談話

9

わたしたち信仰者に求められるのは、誰もがひたすら待ち望む平和を、運命や境遇を分かち合い具体的な連帯が果たされたそのときに主が与えてくださるよう、不断にそして信頼しつつ祈ることです。

二〇一三年六月二十日　談話

10

勇気と忍耐をもって、何をすべきでしょうか？　わたしたちの殻から出ること、自らの閉鎖から外へ出ることです。わたしたちの共同体から出て、人びとが生き、働き、苦しんでいるところへ赴き、ナザレのイエス・キリストのうちに人類に知らされた御父の慈しみを告げるのです。イエスから受けたこの恵みを……。

聖木曜日には司祭たちに、「羊の匂いがする牧者であってください」と言いましたが、今、親愛なる兄弟姉妹の皆さん、あなた方にはこう言いたい。どこにあろうと、生《いのち》のことばをもたらす人であってください。皆さんが住んでいる地区や職場で、そしてどのようなところでも人びとと集い人間関係を結ぶところで。

皆さんは外に出ていかなければなりません。わたしには、小教区に閉じこもっているキリスト共同体は理解できません。

二〇一三年六月十七日　談話

11

マリアとイエスを見守るヨセフの姿を思いましょう。神に委ねられた家族への配慮、危険を回避するために家族を導くその注意深いまなざし……。

このように、牧者たちは道を指し示すために群れの「先頭」に立ち、群れが一つになるように群れの「中」にいてください。そして、誰かが取り残されないように、群れ自体が歩むべき道をいわば「嗅ぎつける」力をもっていることから、群れが道を進むにまかせ、誰かが取り残されないように、その最後尾にいてください。牧者はこのように行動しなければなりません。

二〇一三年六月二十一日　談話

12

教会に属する者たちとその活動は、じつにさまざまです。それゆえ、人間的な手段では確実性や安定を見いだすことはできません。しかし、教会は神のものです。神の存在と働きかけを信頼し、神の権能、すなわち愛を、世にもたらします。

二〇一三年六月二十日　談話

13

わたしたちの誰が「罪を犯したことのない者」でしょうか？　もしそういう人がいたら、手を挙げてください！　すべての人は罪びとです。すべてです！　しかしイエス・キリストの恵みがわたしたちを罪から救います！　イエス・キリストの恵みを受ければ、イエスがわたしたちすべての者の心を変えてくださり、罪びとから聖者にしてくださいます。聖人になるには、遠くに目を向けて「あちらの方」を見たり、よく聖画に描かれているような顔をしている必要はありません！　いいえ！　聖者になるために必要なのは一つのことだけ。イエス・キリストのうちに御父がくださる恵みをいただくことです。

二〇一三年六月十七日　談話

14

すべての人が地の実りを享受できるような方法を見つける必要があります。それは、多くもつ者と「パンくず」で我慢しなければならない者との差が広がるのを避けるためだけではありません。むしろ、何よりも、正義と平等、一人ひとりへ向けられる尊敬のためです。

二〇一三年六月二十日　談話

15

皆さんそれぞれ、自分に向かって問いかけてみましょう。わたしにとっての「約束」とは何か？　わたしは「何にまなざしを向けて」いるか？　わたしは「人生に何を求めて」いるか？

「自らの存在を決定づける記憶」が、主を探し求めるようわたしたちを突き動かします。彼こそが「約束された善」なのです。

それを当然で分かりきったことのように思わないようにしましょう。

二〇一三年六月二十一日　談話

16

人間は「孤島」ではありません。わたしたちは共同体なのです。今、福音に出てくる、助けを必要としている人を救助するあのサマリア人のことが思い起こされます。慈善のためでも、金銭的余裕があるからしたわけでもありません。救助する人と一つでありたい、その運命を共有したいという熱意からです。事実、傷を治療する金を渡した後、快復したかどうか確認しに戻ってくると告げます。

単なる同情や共有の勧めでもなく、敵対や対立を越えた和解への働きかけでもありません。すべてを分かち合う心の準備ができていることであり、他者の必要の前に無関心でいるのではなく、善きサマリア人であるほうを選ぶことです。

二〇一三年六月二十日　談話

17

わたしたちは自由です。なぜでしょう？　恵みのもとで生きているからです。もはやわたしたちは律法の奴隷ではありません。自由です、イエス・キリストによって解放され、自由を、神の子の完全な自由を与えられ、恵みのもとに生きているからです。これは貴い宝です。

二〇一三年六月十七日　談話

18

この「律法のもと」から「恵みのもと」で生きることになる洗礼は、革命です。世界史上、多くの革命家がいました、たくさんいました。しかし、イエスがもたらした「この革命」を実現させる力をもつ者はいませんでした。人類の歴史を変える革命、人間の心の奥底を変える革命。歴史上のさまざまな革命は政治体制や経済システムを変えましたが、そのうちの一つとして、「真に人の心を変える革命」はありませんでした。

二〇一三年六月十七日　談話

19

キリスト者は勇気ある者でなければなりません。難題、社会的危機、宗教的危機に遭遇しても、前に進む勇気をもたなければなりません、勇気をもって前進する。そして何もできない場合は、辛抱強く耐える。耐えてください。勇気と忍耐、この二つはパウロがもっていた徳です。勇気を出し、前進し、しなければならないことを行い、力強い証《あか》しをしましょう。さあ、前進してください！　耐えてください、まだ変えられないことはそれをそのまま背負って、耐えてください。しかし、いつもこの忍耐、恵みによって与えられるこの忍耐をもって前進しましょう。

二〇一三年六月十七日　談話

20

一人ひとりのキリスト者は、このような時代、革命家でなかったらキリスト者ではありません！　革命家でなければなりません、恵みによって！わたしたち「革命家」のあいだで、十字架につけられ、死に、復活したイエス・キリストをとおして御父が与えられる、その恵みによって。

二〇一三年六月十七日　談話

21

寛大さ、広い心、いつも心を広げて受け入れる姿勢、忍耐をもって、すべての人を愛する。それはキリスト教的な美しい徳です。わたしたちをひどく傷つける「些細《ささい》なこと」に関わるのではなく、寛大さ。そうすれば、皆さんの証しはより説得力のあるものとなり、皆さんの奉仕もよりよいものの、より喜びに満ちたものになるでしょう。

二〇一三年六月二十三日　談話

22

愛は現実を変容させるもっとも偉大な力です。利己心の壁を崩壊させ、互いを隔て遠ざけている溝を埋めるからです。そしてこれは、変えられた心、石の心から肉の心、人の心に変えられた「心」からほとばしり出る愛です。これこそが恵みの業、わたしたち皆が受けたイエス・キリストの恵みの業です。

二〇一三年六月十七日　談話

23

復活がもたらした知恵は、人間の知恵に対抗しないどころか、それを清らかにし、高めます。

二〇一三年六月十七日　談話

24

わたしたちは勇気をもたなければなりません。パウロ六世は、勇気を失ったキリスト者を理解できないと言っていました。悲しんでばかりいる、心配症のキリスト者、キリストを信じているのか、それとも「愚痴なる神」を信じているのか分からないようなキリスト者。毎日愚痴っています、嘆いています、世界はどうなっているんだ、災害が起きてしまった、ひどい災害……。でも、この世界は五世紀前と比較してより悪くなっているわけではありません！　世界は世界なのです。ずっと世界であり続けたのです。

二〇一三年六月十七日　談話

25

どのように前に進み、希望を提供しなければならないでしょうか？　道に出ていって「わたしは希望をもっています」と言いましょうか？　いいえ。自分のことばで、自らの証しによって、ほほえみながら「わたしには父がいます。わたしたちは孤児ではありません。わたしたちには父がいます」と言うこと。福音を告げ知らせるとは、これです。そして御父とのこの親子関係を他のすべての人たちと共有すること。

「やっとわかりました、神父様。他者を納得させ、勧誘することですね！」　いいえ。まったくそのようなことではありません。福音は、いわば種のようなものです。あなたはそれを自分のことばで、自らの証しをとおして播《ま》くのです。それから後はどうなったか統計をとる必要はありません。それは神がなさることです。神がこの種を成長させます。でも、わたしたちが種を播くときは、水をやるのは神であり、成長させるのも神であることを確信していなければなりません。そして収穫するのはわたしたちではありません。他の神父、他の信徒、他の人が、それをするでしょう。

でも、自らの証しをとおして種を播く喜び……。ことばだけでは足りず、十分ではありません。

二〇一三年六月十七日　談話

26

福音を告げる相手は、まず最初に貧しい人びと、人間らしい生活を営むのに必要なものさえ欠けている人びとです。神が彼らをことさら愛し、神の名のもとにイエスの弟子たちが行う愛の業をとおしてきてくださるという、喜ばしいメッセージは、彼らに最初に告げられます。すべてに先立って、貧しい人びとのもとに行ってください。

二〇一三年六月十七日　談話

27

どなたか恵みがいくらするか、知っている方はいますか？　どこで「恵み」は売られていますか？　言える人はいません。小教区の事務所で売られているでしょうか、係の人がもしかして「恵み」を販売しているでしょうか？　どこかの神父が「恵み」を売っているでしょうか？　よく聞いてください。恵みは売買できません。イエス・キリストのうちに神がくださるプレゼントです。イエス・キリストがわたしたちに恵みをくださいます。唯一、「恵みをくださる方」です。贈り物です、それをわたしたちに献上してくださいます。いただきましょう。これはすばらしいことです。イエスの愛とはこうなのです、無償でわたしたちに恵みをくださるのです。

ですから、わたしたちはいただいた贈り物を兄弟姉妹にも無償で献上しなければなりません。恵みを売っている人に出会ったりしたら悲しいです。教会の歴史のなかで、そのようなことが起きたことがあります。非常に悪いことでした。ひどい悪を行いました。しかし、恵みを販売することはできません。無償でいただき、無償で譲るのです。そして、これがイエス・キリストの「恵み」です。

二〇一三年六月十七日　談話

28

理知と文化の極み、対話の高みにまで、行かなければなりません。平和を実らせる対話、理性の対話、納得できる対話。

福音はすべての人のものです！　貧しい人びとのもとに行くというのは、わたしたちが清貧思想家または「霊的ホームレス」にならなければならないのとは違います。いいえ、そんなことを意味しているのではありません！　苦しんでいる「キリストの肉」のところへ行くことを意味します。努力して探求しても、知性を働かせても、文化を追求しても、イエスを知ることのできない人びとのなかで苦しむ「イエスの肉」のところへ行くのです。そこへ行かなければなりません！　ですから、わたしが好きな表現は「街外れに行く」です。人間存在の「街外れ」です。すべての人、現実である肉体的貧しさのなかにある人びとから、これも現実である知的貧しさにあえぐ人びとまで、すべての「街外れ」、人々が行き交《か》うすべての十字路、そこに行くのです。そしてそこで、ことばと自らの証しをとおして、福音の種を播くのです。

二〇一三年六月十七日　談話

29

希望は恵みのように、買うことのできない、神からの贈り物です。そしてわたしたちは、自らの証し、自由、喜びを携えて、キリストの希望を配らなければなりません。神がわたしたちにくださる恵みは、希望をもたらします。

二〇一三年六月十七日　談話

30

真の革命、生をその根源から変える革命は、イエス・キリストがその復活をとおして実現しました。十字架と復活。

二〇一三年六月十七日　談話

31

この世の「善」、この世が約束する可能性は、最終的には失望させます。満足できない、まだ足りない、という方向へ導くのです。

主は失望させることのない「善」、決して失望させることのない唯一の「善」です。

これは、主との絶えざる関係を生きることと、キリストを囲んで彼と一致することによってのみできる、「自分自身から離れる」ことを要求します。これをイエスとの親密な関係と呼びます。

二〇一三年六月二十一日　談話

8月

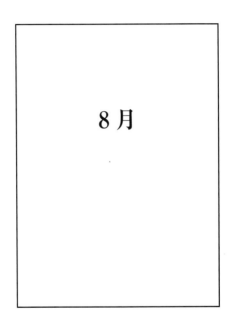

1

皆さんは希望をもたらす人です。実際、皆さんは今を生きていますが、未来に目を向けているゆえに……未来を形造る人、未来を作る匠《たくみ》なのです。それに、――これはあなた方の喜びですが――夢を追ったり、たくさんの美しいことを目指して、未来に向かって進むのはすばらしいことです。また一方、それは皆さんの責任でもあります。未来を創る職人であってください。

二〇一三年八月二十八日　談話

2

「でもパードレ、現代は……なんと悲惨な時代でしょう。なすすべがありません」と言われることがあります。なすすべがないですって？ とんでもない！「たくさんすることがあります」とわたしはこたえます。でも、もし若い人が「現代は……なんと悲惨な時代でしょう、パードレ。なすすべがありません！」と言ったら、どうしましょう？ 精神科医のところへ行かせます！ 理解できないからです！ すばらしいことをしたがらない、高い理想、未来のための貴い理想に自らを賭《か》けようとしない若者がいるとしたら、理解できません。実際には自分が望むことをすればよいのですが、人生を賭けるのなら、「高貴で美しいこと」に賭けるべきです……。

二〇一三年八月二十八日　談話

3

殉教とは、毎日、「証《あか》し」のために闘うこと。これが殉教です。そしてそのうちの誰かには、主がいのちをささげる殉教を求めます。でも、日々の、毎時間の、殉教があります。それは、わたしたちが福音を告げる者であることを望まない悪霊と闘っている証しです。

二〇一三年六月十七日　談話

4

対話は自らの成熟のために大切です。他者と対峙《たいじ》すること、他文化と対峙すること、またよい意味で他宗教と向き合うことによって、人は成長し、成熟します。もちろん危険はあります。対話において自らを閉ざしてしまったり、怒ったり喧嘩《けんか》したりしたら……。喧嘩になる危険性。これはよくありません。わたしたちは親交を深めるために対話するのであって、喧嘩するためではありません。それでは喧嘩するためではなく対話するためにとらなければならない「深い行動」とはなんでしょうか？　柔和に、穏やかに、平和のうちに人びとや文化と出会う力。聡明な質問をする力。「どうしてこのようにお考えでしょうか？　あなたの文化ではどうしてこのようにするのですか？」相手の話を聴いてから、こちらも話す。まず聴いてから、話す。これらすべては柔和のたまものです。

二〇一三年八月二十一日　談話

5

対話なしで平和を実現することはできません。すべての戦争、すべての紛争や抗争、わたしたちがぶつかるすべての解決しない問題は、対話の欠如によるものです。

問題がある場合は、対話を。対話を。対話が平和を創ります。

二〇一三年八月二十一日　談話

6

皆さんが心に抱くこの三つの願望をいつも、未来にも持ち続けてください。

美と善意と真実に満ちた未来への願望。

二〇一三年八月二十八日　談話

7

絶望のなかにある人びとのことを思いましょう。注意を向けてくれる人、慰めてくれる人、自分がかけがえのない大切な存在だと思わせてくれる人がひとりもいなかったことによる絶望。「十字架につけられた方」の弟子であるわたしたちは、立場が脅かされるリスクや他者の評価を恐れ、「誰も行きたがらないようなところ」へ赴くことを拒否したり、わたしたちの兄弟に神のことばを告げることを拒否したりすることが、できるでしょうか？　無償！　わたしたちはこの「無償」を受けました、この恵みを無償で……。それを無償で渡さなければなりません。

二〇一三年六月十七日　談話

8

愛を恐れてはなりません、わたしたちの父である神の愛を。恐れることはありません。イエス・キリストの恵みを受けることを。イエス・キリストの恵みによって与えられるわたしたちの自由を、恐れてはなりません。または、パウロが言うように、「あなた方は律法の下《もと》ではなく、恵みの下にいるのです。」恵みを恐れてはなりません、自らの殻から出ることを、まだ家に戻っていない一匹を探しに、所属する共同体から出ていくことを恐れてはなりません。そして、彼らと対話し、わたしたちの思いを伝えましょう。神の愛であるわたしたちの愛を示しに行きましょう。

二〇一三年六月十七日　談話

9

話し合って、共有しなければならない人類の問題は、たくさんあります。そして対話することによって、神のたまものである真実に近づき、互いに豊かになれることが常にあります。対話するとは、相手がきっと「善いこと」を言ってくれると確信することで、もちろん妥協的になってはいけませんが、その見解、意見、提案にスペースをあけることです。そして対話するには、防御を引き下げ、門戸を開かなければなりません。

二〇一三年六月十四日　談話

10

決して切り離しては考えられない、神の真実、善意、美について、特別な注意を払うことが必要です。それらは、人間の尊厳を護《まも》り、平和な共生を構築し、創られた世界を大切に護る責任と努力の貴重な同盟者だからです。このように注意を払うことで、出来事や事件はキリストに照らされ、晴朗で、真摯《しんし》で、力強い判断が生まれます。

二〇一三年六月十四日　談話

11

「自らを顧みない心の広さ」とは、どんな意味をもっているでしょうか？　大きな心をもち、大きな魂をもち、神がわたしたちに求める大いなる理想に応え、それを実践しようとする意志をもっていることを意味します。そのために、日々のすべての事柄、毎日のあらゆる行為、責任と努力、人びととの出会い、すべてを真摯に行いましょう。日々の小さな事柄を、神と他者に開かれた、大きな寛《ひろ》い心で。

二〇一三年六月七日　談話

12

いつも、これまでよりも、イエス・キリストを愛しましょう！　わたしたちの生はイエスの呼びかけへの応えです。この呼びかけに応えられたら、幸せになり、自らの生を美しく築くことができます。あなた方の生のうちに主の存在を感じましょう。彼は同伴する仲間として、助け、理解し、困難のなかにあるとき勇気づけ、決して見放さない友として、いつも皆さん一人ひとりのそばにおられます。祈りのうちに、彼との対話のうちに、そして、聖書を読むなかで、彼がほんとうにそばにいることを発見するでしょう。そして、あなた方の生のうちに神のしるしを読み取ってください。社会のさまざまな出来事をとおして、また皆さんの日々の生活で起きる事をとおして、彼はいつもわたしたちに語りかけています。わたしたちが耳を澄ませば聴こえます。

二〇一三年六月七日　談話

13

わたしたちを導く神の慈しみ深い存在を信じ、委ねて、福音を告げる教会であるよう、教会全共同体に訴えます。殻から抜け出て福音を告げるのを恐れないように。方法はもちろん重要ではありますが、そのもっとも完《かん》璧《ぺき》なものでさえ、福音宣教の第一の行動者の目に見えない活動、聖霊の活動に代わることはできません。知らない道に連れていかれようとも、聖霊に導かれるままに行きましょう。わたしたちがもたらす「よい知らせ」は、いつも、素朴な生き方、祈りの精神、すべての人、とりわけ小さな貧しい人びとへの愛、謙虚さ、自己からの離脱、聖《きよ》い生活に伴われていなければならず、そのためには、聖霊によって自らが変容されなければなりません。そうであってのみ、真に実り豊かなものとなるでしょう！

二〇一三年六月十三日　談話

14

自由とは、自分の行動を省みることができ、善と悪を見分け、成長に導く行いを識別できること、すなわち、いつも善《よいこと》を選ぶ力を意味します。このとき、世の中に逆行することになっても、決して恐れてはなりません。容易ではありませんが！

いつも善を選択するために「自由である」ことはとても大変ですが、「背骨」の据わった、生に立ち向かうことのできる勇気と忍耐をもつ人にしてくれます。

二〇一三年六月七日　談話

15

　母なる人は、死を過ぎ越した「子」のうちに、「引き寄せられ」ました。イエスは、自らの人間性、マリアから受けた人間性を携えて、ただ一度、そして永久に、永遠の生に入りました。こうして、一生忠実に「子」のあとを追ったマリア、心のすべてをささげて後に従ったマリアは、「子」とともに、わたしたちが天国とも御父の家とも呼ぶ、永遠の生に入りました。

二〇一三年八月十五日　説教

16

皆さん、男性の方も女性の方も、「他者のための人」であってください、他者のために尽くす真のチャンピオンであってください。

二〇一三年六月七日　談話

17

わたしたちカトリック信者も、毎日もっと福音に近づくため、霊的回心の真摯な歩みをすることを怠ってはなりません。人びとと社会に具体的で有効な奉仕をするよう、わたしたちを突き動かす福音に、日々ひたすら近づくために。

市民レベルでも、信仰がわたしたちに約束するのと同じことが言えます。決して希望を失ってはなりません。そのような例をわたしたちの両親、祖父母はどれほど示してきたことか！　当時の厳しい試練を勇気と犠牲心で乗り越えてきました！

二〇一三年六月八日　談話

18

教育という取り組みのなかでわたしたちが突き当たるさまざまな難題に怯《ひる》んではなりません。教えるのは、職業ではありません。態度であり、存在の在り方です。教育するには、殻から出て、若者たちのあいだに身を置き、彼らの人生の道のりを、彼らの傍にいて同伴することです。彼らのこの世での歩みに希望を、オプティミズムを与えましょう。創造主の手の痕を残す「創られし世界」と「人間」の美しさと善さを見るよう、教えましょう。しかし何にも増して、皆さんが伝えようとすることを、自らの生で証す人であってください。

二〇一三年六月七日　談話

19

霊的生活をとても大切にする人であってください。それは「うちなる自由」の源泉です。祈りなしにうちなる自由はありません。

二〇一三年六月六日　談話

20

現在、世界に多くの貧困があると言われています。これは不条理《スキャンダル》です。世界に貧困が存在することは不条理。たくさんの豊かさ、全人類をまかなえるほどのたくさんの資源がある世界に、なぜ飢餓に苦しむ子どもたち、教育を受けられない子どもたち、そしてたくさんの貧しい人たちがいるのか、理解できません！　今、貧困は一つの叫びとなっています。

わたしたち皆は、自分がもう少し貧しくなれるのではないかと、考えなければなりません。これも、すべての人がしなければならないことです。わたしも、貧しい師であったイエスに似た者となるために、もっと貧しくなることができますように。

二〇一三年六月七日　談話

21

わたしたち皆は、わたしたち高齢者も含め、この「仮の」文化の影響を受けています。これは危険です、そこでは、人は「一度きりに賭《か》ける」人生を生きようとしません。愛が続くうちは結婚している、わたしは修道女になるけれど、人生の一時期……少しのあいだ、その後は分からない。司祭になるために神学院に入ったけれど、成り行き次第でどうなるか……。

イエスとの関わりのなか、これはありえません！　わたしは皆さんを責めているのではありません、わたしたち皆をなぎ倒し悪影響を与える、この「仮志向文化」を糾弾するのです。そのために今日では最終的決断をするのがとても難しくなっているからです。わたしが若いころはもっと容易でした。当時の文化は、婚姻であれ、奉献生活であれ、司祭生活であれ、最終的選択をするのはより簡単でした。わたしたちはこの「仮志向文化」の犠牲者といえるでしょう。

皆さんにお願いしたいのです、「どうすれば、わたしはこの仮志向文化から解放されるだろうか」と考えていただきたいのです。

わたしたちは内的独房の扉を、内側から閉めることを学ばなければなりません。

二〇一三年七月六日　談話

22

政治に関与すること、それはキリスト者にとっては義務です。わたしたちキリスト者は、ピラトの役を演じるわけにはいきません、「手を洗う」わけにはいかないのです。わたしたちは政治に関わらなければなりません、政治とは愛《カリタス》のもっとも高いかたちの一つだからです。それは共通の善を追求するからです。ですから、信徒、キリスト者は政治のなかで働かなければなりません。あなたはこうおっしゃるかもしれません。「しかし容易ではありません！」でも神父になるのだって容易ではありませんよ。生において、容易なことは何もありません。容易ではないし、政治はあまりにも汚れてしまった……わたしも自分に問いかけてみます。なぜ、汚れてしまったのか……？

キリスト者たちが「福音的精神で政治に関わる」のを怠ったからではないでしょうか？

二〇一三年六月七日　談話

23

希望を盗まれないようにしましょう！　お願いです、どうか皆さん、希望が盗まれるままにしないでください！　でも、誰が希望を盗もうとするのでしょうか？「この世の霊」、富、虚栄、傲慢、尊大……これらすべてはあなたから希望を奪います。では、どこに希望を見つけられるか？　貧しいイエスのうちにです。イエスは、わたしたちのために自らを貧しくされました。そして、あなたは貧しさについて語りました。貧しさは、わたしたちに希望の種を播《ま》くよう招きます、より大きな希望をもてるように、と。

二〇一三年六月七日　談話

24

聖霊に導かれることを学び、主の愛とそのみこころに自らの空間を譲るために利己心を抑えることができたら、そうしたら、わたしたちは平和を見いだすでしょう。そうしたら平和を築く者となり、周りに平和を広めるようになるでしょう。

二〇一三年六月三日　談話

25

美しく幸せな時があります。イエスがあなたを助け、小さな喜びをくださる時……。しかし困難な時もあります。その時あなたは孤独で、うちなる喜びを感じることもできず、枯渇したようになるでしょう。闇に覆われ、うちなる暗黒のなかにいる時もあります。さまざまな難局。しかしイエスの後を追うのは、イエスの道を進むのは、とても素晴らしいのです。さまざまな時を思い起こしては平衡をとり、また前に進みます。それから……このうえなく美しい時がきます。

二〇一三年六月七日　談話

26

「よきサマリア人」であるキリストから学んだ愛《カリタス》。教会はそれを謙虚に、具体的で効果的に証《あか》すよう呼ばれているのを感じています。苦しんでいる人がいるところ、そこにはキリストがいることを知っています。大きな苦しみのなかにあるところ、そこから身を引くことはできません！

二〇一三年六月五日　談話

27

抽象的な貧しさについて語ることはできません、そのようなものは存在しませんから！　貧しさとは、飢餓に苦しむ子、病んだ人、不正な社会構造のなかの貧しいキリストの肉のことです。行ってください、その地に行ってイエスの肉に目を向けてください。

しかし、豊かな生活によって希望が奪われないようにしましょう。富んだ生活を追い求める精神は、最終的に、あなたの生涯を無にさせます。

二〇一三年六月七日　談話

28

「歩む」とは高度な術《わざ》です。ずっと早足で歩き続けたら疲れてしまい、到着地、最終地点に辿《たど》り着くことはできなくなるからです。一方、歩かないで立ち止まってばかりいても、最終地点に着くことはできません。歩むとは、地平線を眺め、自分がどこに行きたいか考えつつ、疲れを背負いながらも歩くという術です。そして多くの場合、歩むのは難しく、容易ではありません。「わたしはこの歩みに忠実でありたい、でも容易ではありません、聞いてください、闇があり、暗闇の日々があり、失敗と挫折の日も、過ちを犯してしまう日もあります……失敗したり、倒れたり……。」

でも、いつもこのように思ってください。失敗や過ちを犯すことを恐れてはなりません。歩みの術で重要なのは、倒れないこと（失敗しないこと）ではなく、「倒れたまま」でいないことです。早く、すぐに、起き上がって歩み続ける……。

二〇一三年六月七日　談話

29

喜びとは、一瞬の陶酔ではありません。まったく違うことです！　真の喜びは、物や所有からは生まれません。いいえ！　他者との出会い、人間関係、受け入れられ理解され、愛されていると感じることから生まれます。そしてこれは、相手が一人の人格《ペルソナ》であるゆえに、一瞬のことではありません。喜びは、ある無償の出会いから生まれます！「あなたはわたしにとって大切です」と、ことばではなくとも、言われること。これは美しい……。これこそが、神がわたしたちに分からせてくださることです。あなた方を呼ぶとき、神は「あなたはわたしにとって大切です、あなたを愛していますす、あなたに信頼をおいています」と言います。イエスは、わたしたち一人ひとりに、そう言います！　そこから喜びが生まれます！　イエスがわたしにまなざしを向けたときの喜び。これを理解し、感じることが、わたしたちの喜びの秘訣《ひけつ》です。

二〇一三年七月六日　談話

30

悲しみのなかにある聖性はありません。ありません！　聖テレジアがこう言っています。「悲しんでいる聖者は、嘆くべき聖者です。」

二〇一三年七月六日　談話

31

わたしは、いつもアシジのフランシスコが言っていたことばを引用します。キリストは福音を「ことばでも」告げるために、わたしたちを派遣された。フランシスコの実際のことばはこうです。「いつも福音を告げなさい。必要な場合は、ことばでも。」どういう意味でしょうか？　ほんものの生き方を貫くことで、福音を告げること。

二〇一三年七月六日　談話

9月

1

まずはわたしたちの生から、他の人たちが福音を読み取れなければなりません！　ここでも、恐れずに。直そうと努めているわたしたちの欠点、主が知っておられるわたしたちの限界をとおしてでよいのです。しかし、主がわたしたちのうちに働きかけるのを受け入れる大きな心をもちましょう。

二〇一三年七月六日　談話

2

次のことをお勧めしたいのです。自らの聴罪司祭に対していつも透明であってください。すべてを言ってください。恐れることはありません。「パードレ、わたしは罪を犯しました！」サマリアの女のことを思い出しましょう。メシアに会ったことを村人たちに証《あか》しし伝えるとき、こう言いました。「(この方が) わたしの行ったことをすべて言い当てました。」村人たちは皆、この女が何をしてきたか知っていました。

聴罪司祭にいつもほんとうのことを言うこと。この透明性はわたしたちのためになります。わたしたち皆を謙虚にしてくれるからです。「パードレ、こういう状態にありました、これをしてしまいました、憎みました……」、どのようなことでもよいのです。隠さずに、ほんとうのことを言うこと。半分ではなく。あなたは聴罪司祭をとおしてイエスに語っているからです。そしてイエスは真実を知っています。彼だけが、いつもあなたを赦《ゆる》してくださいます！　でも主は、あなたが「彼がすでに知っていること」を言うこと、それだけを、望んでおられるのです。

二〇一三年七月六日　談話

3

子どもたち、少年少女たち、若者たち、大人たちが、もっと主を知り、愛するよう助けるのは、もっとも美しい教育的な冒険の一つであり、教会を建設します！

二〇一三年九月二十七日　談話

4

二つの出口があります。一つはイエスのもとに向かう「超越」への出口。もう一つは、イエスを告げるために人びとのもとへ向かう出口。この二つはいつもペアです。もしあなたが一つだけを利用したら、うまくいきません！　コルカタのマザー・テレサのことを思います。よい修道女でした……何も恐れず、路傍に出ていきました……。そしてこの女性は主の前に――二時間――跪《ひざまず》く勇気ももっていました。

「自分自身」から出ていって、祈りに、司牧活動に、身を投じることを恐れないでください。祈りのときにも、福音を告げに行くときにも、皆さんは勇気ある人であってください。

二〇一三年七月六日　談話

5

共同体、神学生、修道者たちのあいだ、または教区教会でも、普通に唱えられている射禱《しゃとう》は「おしゃべり」であることが多いです！　恐ろしいことです！　互いに「皮をむきあっている」ようなものです……。これがわたしたちの聖職者の世界、宗教者の世界だとは……。こんなことを言って申し訳ありませんが、この状態は一般的なのです。嫉妬心、羨望、他者の悪口。上長の悪口を言うだけではありません。これは、いわば伝統的になってしまっています。つまり、よくある一般的なこと、ごく普通のことなのです。わたしもこのような状態に陥ってしまったことがあります。たくさん、何度も、ありました！　恥ずかしいことです！　恥ずかしく思います！「おしゃべり」をしに行くのは、してはいけないことです。「君は聞いたかい……、聞いたかい……。」そのような共同体は地獄です！　これはよくありません。

だからこそ、友情と兄弟愛の関係が大切です。友だちとは少ないものです。聖書はこう言っています。友は一人か二人……。しかし兄弟関係はすべての人との間です。もしわたしがある兄弟または姉妹に対して何かわだかまりがあったら、面と向かって本人に言います。または、助けてくれる人に言います。でも、その人を「汚《よご》す」ために他の人たちに言うようなことはしません。

二〇一三年七月六日　談話

6

世界に、社会に、平和はあまりありません。対話が欠けているからです。「自分の利益」という狭い地平から出られず、真摯《しんし》で誠実な真の出会いに心を開けないのです。平和のためには熱心で忍耐強く、力強い、聡明《そうめい》な対話が必要です。それによって失われるものは何もありません。対話は戦争を止めることができます。対話は、多くの場合、互いに知らない者同士でいることの多い、世代の異なる人びとがともに生きることを可能にします。異なる人種や、異なる信念をもつ市民がともに生きることも可能にします。対話は平和への道。対話は、合意、調和、一致、平和のためにはたらくからです。だからこそ、あらゆる状況下のあらゆる信念の人びとのあいだに、対話が広まっていくことが根本的に大事なことなのです。世界を、とりわけ、もっとも弱い立場に置かれた人びとを護《まも》る平和の網のように……。

二〇一三年九月三十日　談話

7

わたしたち一人ひとりは、「平和の職人」であるよう呼ばれています。分裂ではなく融合、憎しみをもち続けずに、対話の小道を拓《ひら》き、新しい壁を築かない職人。世界に対話の文化、出会いの文化を築くために、対話し、出会いましょう。

二〇一三年九月三十日　談話

8

聖マリアをいつもあなたの伴侶にし、ロザリオを祈ってください、お願いします……。決して離れてはなりません！　使徒ヨハネがいつもマリアと同じ家に住んでいたのと同じように、あなた方も自分の家に「マリアといっしょに」住んでいてください。彼女がいつもあなた方に寄り添い、護《まも》ってくださいますように。

二〇一三年七月六日　談話

9

平和はすべての人の責任です。平和のために祈ってください、平和のためにはたらいてください！

二〇一三年九月三十日　談話

10

まず第一に「キリストから再出発する」とは、何よりもイエスと親密に接すること、家族のような親しさをもつことを意味します。最後の晩餐《ばんさん》のとき、愛のもっとも高貴な贈りものである十字架の生贄《いけにえ》を自ら生きようとしていたそのとき、イエスは弟子たちに、このことを強く求めます。イエスは、ぶどうの木とその小枝のイメージを使って言われます。「わたしの愛にとどまりなさい、わたしにつながっていなさい、ぶどうの枝が木につながっているように」と言われます。わたしたちが彼と一つになっていたら、実を結ぶことができます。そしてこれこそが、「キリストと家族のような関係にある」ということです。イエスのうちにいてください！　彼のうちに、彼とともに、彼と語り合いながら、彼につながっていること。イエスのうちに。

二〇一三年九月二十七日　談話

11

あなたは、神があなたにまなざしを向けられるのを受け入れますか？主から見られることを受け入れる……。彼はわたしたちに目を注がれます、そして、これは祈りの一つの方法です。あなたは主があなたにまなざしを向けるままにさせてあげますか？

どうすれば、そうできるでしょう？　聖櫃《せいひつ》をご覧なさい、そしてあなたに主のまなざしが注がれるままにしましょう……ほら簡単です！　もしかして退屈で眠ってしまうかもしれませんね。どうぞ眠ってください！　彼はあなたにまなざしを向け続けます、彼はあなたの方を見続けます。彼があなたをご覧になっていることを確信してください！

二〇一三年九月二十七日　談話

12

教会のなかには多様な召命があり、霊的なかたちもさまざまです。大切なのは、主とともにいるための方法を見いだすことです。そしてこれは、どのような生活体系や立場であっても（聖職者であろうと信徒であろうと）、可能です。

二〇一三年九月二十七日　談話

13

キリストを自らの生の中心に置くと、自分は「中央から離れ」ます！ よりイエスと一つになり、彼があなたの生の中心になると、彼があなたを外へ向かって行かせ、中央からはずし、他者に開かれた者にします。これが真の愛のダイナミズムであり、これが神の動きです！ 神は中心にいますが、いつも自らを差し出し、与え、関係を結び、生命を伝えます……。わたしたちも、キリストに結ばれていたら、そうなります。彼がこの愛のダイナミズムのなかに入らせてくれるのです。キリストにおいて真の生があるところ、その人は他者へ開かれています。自らの殻から出て、キリストの名において他者に出会うために出ていきます。

二〇一三年九月二十七日　談話

14

ヨナ書をもう一度読んでみてください！　何を教えてくれますか？　神の後を追うために自分が造り上げた形からはみ出すことを恐れないように、と教えてくれます。神はいつも「それを超えて」行くからです。一つのことを知りたいですか？　神は恐れを知りません！　知っていましたか？　恐れを知らないのです！　いつもわたしたちが造った形を超越しています！　神は「街外れ」を恐れません。もしあなた方が「街外れ」へ行けば、そこで神に出会えます。このように、神はいつも「忠実」で、創造的です。

二〇一三年九月二十七日　談話

15

聖パウロは「キリストの愛がわたしたちを駆り立てている」と言っていました。これを「わたしたちを所有している」と訳すこともできます。そうなのです。愛はあなたを惹《ひ》き寄せ、あなたを遣わします。あなたをご自分のものとし、あなたを他者に与えます。この緊張のなか、キリスト者の心は、突き動かされます。

二〇一三年九月二十七日　談話

16

わたしたちキリスト者が、自分のグループや団体のなか、自分の教会のなか、自分の環境のなかに、閉じこもっていたら、あらゆる「閉鎖されたところ」に起こることがわたしたちにも起こるでしょう。部屋が閉まったままであれば湿気の臭いがしはじめます。もしその部屋に閉じこもっている人がいれば、病気になってしまいます！　一人のキリスト者が自分のグループ、自分の教会、自分の「運動」のなかに閉じこもっていれば、閉鎖的になり、病気になってしまいます。もし一人のキリスト者が路に出て、「街外れ」へ向かえば、道端に出ていく人なら誰でもが出遭うかもしれない事故に遭うかもしれません。わたしたちは何度もこのような交通事故を見てきました。でもわたしは言いたい。「事故に遭った教会」のほうが「病んだ教会」よりは千倍ましです！

二〇一三年九月二十七日　談話

17

これはわたしたちにとって根本的なことです。神はいつもわたしたちの前を歩んでいます！　わたしたちが遠く、最果ての「街外れ」に行こうとするとき、確かに少し怖さを覚えます。しかし、実際には彼はすでにそこに行っておられます。イエスは、あなたが会いに行こうとしているその兄弟の心のなか、その傷ついた身体のなか、圧迫されたその生のなか、信仰をもたないその魂のなかにいて、わたしたちを待っておられます。

二〇一三年九月二十七日　談話

18

沖を目指しなさい！　主のことばにますます従順であってください。彼です！　そのことばです！　彼の後を追うことで、皆さんの証しの努力が実りあるものとなります。友人たちのあいだで信仰を目覚めさせようとする努力が無駄のように思えたら、使徒たちが夜じゅう漁をしても魚がとれなかったときのことを思い出してください。イエスといっしょなら「すべては変わる」ことを思い出してください。主のことばが網を魚で満たしました。主のことばは弟子たちの宣教の仕事によい結果をもたらします。イエスの後に従うのは大変です。小さな目標に満足せず、沿岸航海で満足せずに、勇気をもって遠くへと出帆してください！

二〇一三年九月二十二日　談話

19

中国人がクライシスと書くとき、二つの漢字を組み合わせます。危険の「危」と機会の「機」です。危機《クライシス》について語るとき、危険について語ると同時に、機会についても語りましょう。これがこのことばの大切な意味ではないでしょうか。

二〇一三年九月二十二日　談話

20

イエスがエマオの弟子二人に近づいてきたときのことです、彼らといっしょに歩み、起こった出来事について彼らの考えと失望を聞き、対話します。そうしているうちに、彼らの心に再び希望の火がともされ、「実はすでに存在していた」新しい地平が開かれます。復活したイエスと出会ったからこそ、それを認識することができたのです。

決して「出会い」、「対話」、「対峙《たいじ》」を恐れないでください！

二〇一三年九月二十二日　談話

21

すべてが滞り淀《よど》んでいるように感じられるとき、個人的問題が心を乱すとき、社会的混迷に必要な答えが見いだせないとき、諦めるのはよくありません。「道」はイエスです。わたしたちの小船に彼を乗せ、沖に漕ぎ出しましょう！　彼は主です！　彼は人生の「予期された可能性」を変えてしまいます。イエスへの信仰はもっと先の希望に導きます。わたしたちの資質や力量に根ざすのではない、神のことばとその招きを礎とする確信へと。あまり計算をせず、周りを取り囲む現実が皆さんに安全を確保するかどうか心配しないで……沖に出てください。自分自身という閉ざされた空間から出ていってください。わたしたちの小さな世界から出て、神に開かれた、そしてますます兄弟たちに開かれた者となりますように。

二〇一三年九月二十二日　談話

22

イエスにまなざしを向けましょう。彼はわたしたちの喜びです。また、わたしたちの力、確かさでもあります。彼は謙虚さ、連帯、奉仕という、確かな道だからです。他に道はありません。

二〇一三年九月二十二日　談話

23

わたしたちキリスト者には信仰が確かな希望を与えてくれます。それは、現実を見定め、人びとと近しく、そして連帯するよう、わたしたちを突き動かす希望です。神がわたしたちの歴史のなかに入り、イエスのうちに人間となったからです。わたしたちの弱さのなかに浸り、すべての人の傍らにあって、とりわけもっとも貧しい人びと、助けを必要としている人びとへの連帯を示し、わたしたちに希望という無限で確かな地平を拓《ひら》いてくれたからです。

二〇一三年九月二十二日　談話

24

戦争、窮乏、搾取……に囚われている諸民族、民族全体の苦しみを前に、甘んじて諦めることは絶対にできません。暴力に襲われた子どもたち、家族、高齢者たちの悲劇を無関心に、なすすべもなく傍観していることはできません。テロリズムが少数の暴力的な人間たちの心を虜《とりこ》にし、多くの人びとのあいだに苦しみと死を撒《ま》くのを、黙って見ているわけにはいきません。何はともあれ、皆で、力を込めて、「暴力に宗教的理由などありえない」と言い続けましょう。宗教に根拠を置こうとするあらゆる暴力を消し去り、同時に、「神の否定」を根拠とする文明の構築に内在するあの暴力に、世界が虜《とりこ》とならないよう、警戒しなければなりません。

二〇一三年九月三十日　談話

25

この「廃品」の文化、必要ないものは捨ててしまい、自分が正しく、清らかで、清潔だと思っている者——気の毒な人たち！——だけが居残ろうとする文化における、「連帯」ということば……。この連帯ということばは辞書からなくなる危険にさらされています。連帯は、人を煩わせ、うんざりさせるからです。どうしてでしょう？　他者に目を向け、愛情をもってかれらに尽くすよう、あなたを義務づけるからです。

でもわたしたちはそうではありません。わたしたちは、これこそが道、謙虚さ、連帯だと言います。なぜでしょうか？　われわれ神父が発案したのですか？　いいえ！　イエスのもの、イエスがそう言ったのです！　そして、わたしたちはこの道を歩みたいのです。キリストの謙虚さはモラリズムでも感傷的なものでもありません。キリストの謙虚さは現実的なもの、小さい者であるという選択、小さい者たち、疎外された人びと、わたしたちすべての罪びとたちとともにあるという選択です。注意してください。イデオロギーではありません！　愛から、神の心から発した、人間存在のあり方、生き方です。

二〇一三年九月二十二日　談話

26

皆がいっそうの連帯の意識をもつようにならなかったら、いかなる国にも、いかなる社会にも、わたしたちのこの世界にも、未来はありません。連帯とは、生を営む環境として歴史を創る方法です。連帯があるところ、争い・緊張・対立は「生命を生む調和《ハーモニー》」へと達することができるのです。

二〇一三年九月二十二日　談話

27

イエスはショーに出るために、自らの姿を見せるために、この世にこられたわけではありません。そのためではありません。イエスは「道」です。道とはそこを歩むため、そこを通って前に進むためのものです。

二〇一三年九月二十二日　談話

28

聖ミカエルは勝利します、彼のうちには神が働いているからです。聖ミカエルの姿は、悪が打ち負かされ、告発者の正体が暴かれ、その頭が砕かれたことを思い起こさせます。なぜなら、キリストの血のうちに救いはただ一度、そして永遠に、成し遂げられたからです。悪魔は大天使の顔と人間の顔に爪を立てようとしていますが、神はより強く、勝利は神のものとなります。そしてすべての人に救いがもたらされました。

人生の歩みと試練のなか、わたしたちは孤独ではありません。神の天使たちが寄り添い、支えてくれるからです。天使たちは、その翼で、多くの危険を乗り越えるよう、人生を重くし、「引き降ろそう」とする現実のその上を、高らかに飛ぶよう、わたしたちを助けてくれます。

二〇一三年七月五日　談話

Nakajima

29

まずはわたしたちが互いに愛し合い、互いに協力し合い、理解し合い、誰もが自らの限界と過ちを認めて赦し合わなければ、イエスの後を追って愛の道を歩むことはできません。わたしたちは慈しみの業を、慈しみを抱いて！　行わなければなりません。心から！　愛と優しさを携えて、いつも謙虚に愛の業を行わなければなりません！

ご存じですか？　貧しい人びとへの奉仕において、ときに高慢さを見受けることがあります！　わたしたちの奉仕を必要としている人びとへの奉仕の業に見受ける尊大さ。なかには貧しい人を袈裟《けさ》にして、彼らを助けているると自慢してよい人間ぶる人もいます。自分やグループのために貧しい人びとを利用する場合もあります。もちろんこういう振る舞いは「人間的」だとは分かっていますが、よくありません！　これはイエスの振る舞い方ではありません。もっとはっきり言います。これは罪です！　重い罪です、助けを必要としている人びと、イエスの肉である人びとを、自分の虚栄心のために使うことだからです。イエスを、わたしの虚栄心のために使う。これは重い罪です！　このような人たちは家にいたほうがいいでしょう。

二〇一三年九月二十二日　談話

30

イエスを見ると、彼が謙虚さと奉仕の道を選んだことが分かります。というよりも、イエス自身、全ペルソナが、この道なのです。イエスは優柔不断ではありませんでした、クアルンクィスタ（態度を決めない者）ではありませんでした。一つの選択をし、それを最後までやり通しました。人間になることを選択し、人間としてはしもべであること、十字架の死に至るまで、しもべであることを選択しました。これこそが愛の道であり、このほかにはありません。ですから、分かるのは、愛とは単なる社会福祉ではなく、ましてや、良心をなだめるための支援や援助ではありません。そのようなものは愛ではありません、店を営業することであり、事業です。

愛は無償です。

二〇一三年九月二十二日　談話

10月

1

主はわたしたちの手に、あふれんばかりの母の愛と優しさを委ねます。わたしたちが人間としてキリスト者として歩む人生のなかで、その困難に立ち向かい、打ち勝つために、母の支えを感じることができるように。

困難を恐れないでください。お母さんの助けで、それに立ち向かってください。

二〇一三年五月四日　談話

2

人生を障害物のない高速道路のように考えて、「問題を避けて」教育したり、健康を管理したりすることはできません。母親は、人生の問題を現実的な目で観察し、迷子にならずに勇気をもって立ち向かい、臆病者にならず、母なら「感じる」ことができる安全な道と危険な道の間の正しいバランスを示して、それらを乗り越えることができるよう子どもたちを導くことができます。母ならできます！　子どもたちをいつも安全な道に連れてはいきません。そのようにすれば子どもは成長しないからです。一方、危険な道に子どもを残すこともしません。母はバランスをとることができます。

二〇一三年五月四日　談話

3

協力という方法、対話という方法で、現実のありのままを見、それをよく知るようにしましょう。希望をもたらすため、近寄って、いっしょに道を探す。決して希望を「くもらせては」なりません！　希望を、単なる心理的な態度であるオプティミズムと混同してはなりません。

希望は創造的です、未来を創造することができます。

二〇一三年九月二十二日　談話

4

偏見や先入観、慣習、凝り固まった考え方や司牧的考え、よく言われる「ずっとこうしてきたのだから」によって、自らに歯止めをかけてはなりません。

心に神のことばを抱き、聖フランシスコのように教会とともに歩むなら、「街外れ」に向かって出発することができます。そうでなければ、神のことばではなく、自分自身をもっていくことになります。これはよくありません。誰の役にも立ちません！　わたしたちが世界を救うのではありません。主が、世界を救われるのです！

二〇一三年十月四日　談話

5

わたしの家の扉をたたく人びとは、ここをどう思うでしょう？

皆さんの善良さ、他者へ開かれた心によって、家の扉が開かれているのを見た人は、「神が父である」という体験をし、教会がいつでも迎え入れてくれ、愛してくれる母であることを体験するでしょう。

二〇一三年九月十九日　談話

6

人の心にキリストをもたらしたマリアのように、喜びや希望を共有して、キリストを示し、キリストを運ばなければなりません。

「無関心の霧」のなかに道を失うことなく、入っていかなければなりません。暗黒の夜、闇に取り込まれても道を見失わずに、入っていかなければなりません。多くの人の思い違いについては、それに惑わされることなしに、耳を傾けなければなりません。

失望を、その苦さに苛《さいな》まれずに受け入れ、人びととの人間的崩壊に、自らのアイデンティティーを壊さずに触れることが必要です。

二〇一三年九月二十一日　談話

7

マリア、今日わたしたちはあなたに言います。母よ、あなたのまなざしをこちらに向けてください！　あなたのまなざしは、わたしたちを神のもとに連れていきます。あなたのまなざしは、わたしたちの人生のあらゆる曲がり角で待っている、善き父からのたまもの。わたしたちの苦しみ、苦労、罪を一身に担われる、十字架のイエス・キリストからの贈り物です。

二〇一三年九月二十二日　説教

8

「もろい人間」のうちに、人びとの無関心や孤独を人間としての自らの肉のうちに体験した主のみ顔を見ることができるよう、わたしたち一人ひとりは招かれています。わたしたちが、往々にして発展途上国や富裕国に生きるもっとも貧しい人びとに向けるあの無関心と孤独……。

この世に生まれることのできなかった子ども、不当にも堕胎された子どもの一人ひとりは、誕生するまえから、そして生まれてからすぐに世に拒否された主のみ顔をもっています。

二〇一三年九月二十日　談話

9

皆さんの歩みは、この歴史のなかにあります。境界がどんどん広がり、バリアがどんどん外され、わたしたちの歩みが他者の歩みにどんどん近づき、関係し合うようになっているこの世界のなかです。

信仰がもたらす深い光、深い意義の、皆さんは証人であってください。過去から受け継いだ価値と知恵の豊かさを護《まも》り続けると同時に、現在を深く生き、「今日」のうちに身を投じて努力し、未来に目を向け、自らの業によって希望の地平を開拓し、社会をより人間らしい姿にするために。

二〇一三年九月十三日　談話

10

わたしたちは皆、この恵みを求めなければなりません。主よ、ユーモアのセンスをお与えください。まず自分自身を笑うことから始めて、いろいろなことに、少し……。

二〇一三年九月十九日　談話

11

「教会《エクレシア》を築く」という歩み。それは一つの挑戦です！　個人的な出会いをとおしてだけでなく、ソーシャルネットワークをとおしても、わたしたちの歩み、わたしたちの生の基であるすべての美、素晴らしさ、信仰の素晴らしさ、イエスとの出会いの素晴らしさを再発見できるようにしましょう。「コミュニケーション」においても、温もりを伝え、人の心を熱くさせられる教会が必要です。

二〇一三年九月二十一日　談話

12

奉仕するとは、くる人を心からもてなすこと、イエスが使徒たちの足を洗おうとかがみこまれたように、助けを必要としている人の前でかがみ込み、損得なしで、恐れず、優しく、理解しようと、手を差し伸べることです。奉仕するとは、もっとも必要としている人びとの傍で働くこと、まず第一に彼らとの人間関係、近しさ、連帯の絆《きずな》を築くことです。連帯。このことばは先進諸国を恐れさせることばです。彼らはなるべく使わないようにしています。彼らにとって連帯とはまるで卑猥《ひわい》なことばのようです。でも、これは「わたしたちの」ことばなのです！　奉仕するとは、正義と希望を求める叫びを聞いてそれを自分のこととして受け入れ、ともに道を、解放への具体的な道程を探すことです。

二〇一三年九月十日　談話

13

わたしたちが神を知るために、貧しい人びとは卓越した師となってくれます。彼らのもろさ、素朴さは、わたしたちの利己心や「偽りの安全」、あるいは「自立した者」と思い込むうぬぼれを、暴き出します。

そして神が近くにいること、その優しさを体験できるよう、わたしたちを導きます。わたしたちの生のうちに、その愛を、忍耐強い信頼をもってわたしたちを世話してくれる父の慈しみを受けるよう、導いてくれます。

二〇一三年九月十日　談話

14

神が与え、わたしたちに教える真の慈しみは、正義を求めます。貧しい者が貧しさから抜け出る道を見つけるよう、求めています。

二〇一三年九月十日　談話

15

わたしたちはよく、自分の権利を守るために声を大にすることがあります。しかし、他者の権利には無関心なことが、あまりにも多いのです！苦しみのなかにあった人、苦しんでいる人、自らの権利が踏みにじられたのを目の当たりにした人、正義を求めることさえしなくなるほどの過酷な暴力のなかに生きていた人、そのような人たちの存在に気づかず、その人たちの声になろうともしなかったことが、わたしたちには何度もありました！

全教会にとって重要なこと、それは、貧しい人を迎え入れることです。正義への貢献を、「専門家」だけに任せるのではなく、全司牧活動に、すなわち司祭や修道者の養成、すべての教会（小教区）、運動、教会共同体の通常の活動のなかですることです。

二〇一三年九月十日　談話

16

空っぽになった修道院をホテルに改造して金儲《かねもう》けをするのは、教会にとってなんの利もありません。からの修道院はあなた方の所有物ではありません。キリストの肉である難民のものです。共同体、家、無人になった修道院へ難民を迎え入れるにあたって、主は、勇気をもって、より寛い心で、それを行うよう呼びかけます。

確かに単純なことではなく、配慮、基準、責任が必要となります。しかし、勇気も必要です。すでにたくさん利用されていますが、おそらくもっと必要でしょう。摂理がわたしたちに奉仕する機会を与えてくれたことを受け入れ、今、決断力をもって共有することが求められているのではないでしょうか。

二〇一三年九月十日　談話

17

結婚とはなんでしょうか？　司祭職や修道生活と同じように、真のほんものの「召命」なのです。結婚する二人のキリスト者は、その愛の物語のなか、主の呼びかけに気づき、男性と女性である二人が、一つの体、一つの生となる召命を受けるのです。そして婚姻の秘跡はこの愛を神の恵みで包み、「神を根拠とする愛」にするのです。このたまもの、この召命の確かさのうちに、安心して出発することができます。何も恐れず、すべてに立ち向かうことができます、いっしょに！

二〇一三年十月四日　談話

18

聖霊の想像力《ファンタジー》は無限で、とても具体的でもあります！　したがって後に戻れない「最終的決断」を恐れないように、と皆さんに言いましょう。そうすることを恐れないでください。

二〇一三年十月四日　談話

19

神はいつもわたしたちを驚かせます！

神が呼ばれるのです。でも、日々主と親しい関係にあり、聖櫃《せいひつ》の前で、自らの内面で、沈黙して主に傾聴し、主に語りかけ、秘跡にあずかることが大切です。

このように「主と親しい関係にある」とは、主がその声を聞かせ、わたしたちに何を望んでおられるか聞くことができるために、自らの生の扉を開いておくことを意味します。

二〇一三年十月四日　談話

20

神との関係はわたしたちの「一部」に関するのではなく、すべてに関することです。これほど大きな、これほど美しい、これほど誠の愛は「すべて」に値します、わたしたちの信頼のすべてに。

そして言いたいことが一つあります。神の国のための貞潔は、「ノー」ではありません、「はい」です！　確かに、婚姻や自分の家庭を作ることを断念しなければなりません。しかし、その基には「はい」があります。わたしたちのためのキリストの完全な「はい」への応えとして、この「はい」は実り豊かなものとなります。

二〇一三年十月四日　談話

21

福音は宗教だけに関するものではありません。人そのもの、すべての人、世界、社会、人類の文明に関するものです。福音は人類にささげられた神の救いのメッセージです。しかし、「救いのメッセージ」と言うとき、それは単なる言いまわしでもないし、今日たくさんある空回りすることば、空虚なことばでもありません。人間は真に救われることを必要としています！

二〇一三年十月四日　談話

22

わたしたち一人ひとりは救いを必要としています！　自分ではできません！　わたしたちは救いを必要としています！　何からの救いでしょうか？　悪からです。悪は働き、自らの仕事をします。しかし、それに打ち勝つことができないものではありません。そして、キリスト者は悪を前にして諦めることはしません。

二〇一三年十月四日　談話

23

わたしたちの秘密、それは「神が悪より強い」ことです。これはほんとうですよ！　神は悪より強いのです。神は無限の愛、限りない慈しみ、そしてこの愛は、イエス・キリストの死と復活によって、悪に根底から打ち勝ちました。これが福音、「よい知らせ」です。神の愛が勝利したこと！

キリストはわたしたちの罪のために十字架上で死に、復活しました。彼といっしょにわたしたちは悪と闘うことができ、日々勝利することができます。

二〇一三年十月四日　談話

24

これがあなた方の黙想の対象です。すなわち、現におられる、イエス・キリストの実在。抽象的な概念ではありません、頭を悩ます抽象的な概念ではありません。イエス・キリストの御傷の観想！　イエスはそれを天にまでもっていき、それをもっておられます！　人間イエス・キリストの道。いつもイエスとともに、人となられた神とともにありましょう。

二〇一三年十月四日　談話

25

教会であること、神の民の一員であることは、なんとすばらしいたまものでしょう！　わたしたちは皆、神の民。聖霊の働きである調和《ハーモニー》のなか、「異なる者たちの交わり《コムニオ》、一致」のうちに。聖霊は調和であり、調和を生み出すからです。聖霊のたまもの。わたしたちはそれを受けるよう、自らが開かれていなければなりません！

二〇一三年十月四日　談話

26

教会は成長します、けれど、それは勧誘によるものではありません。いいえ、いいえ！　教会は勧誘によって成長するのではありません。教会は人びとが惹き寄せられるその魅力によって成長します。神の民に対するわたしたち一人ひとりの証しという「惹き寄せる力」によって。

二〇一三年十月四日　談話

27

神のことばは信仰を生み、それを養い、再生させます。神のことばが人びとの心に触れ、神へと、わたしたちの論理とはまったく違う神の論理へと回心させるのです。神のことばが、わたしたちの共同体を刷新し続けます。

二〇一三年十月四日　談話

28

この点については、わたしたちは皆、改善することができると思います。皆が、より神のことばを聴くようになること。そして、自分たちのことばに「より乏しく」なり、みことばに「より豊かに」なるように。

二〇一三年十月四日　談話

29

聖書を読むだけでは十分ではありません。そのなかで語りかけるイエスの声を聴きましょう。聖書のなかで語っているのは、まさにイエスです。イエスがそのなかで語っておられるのです。

二〇一三年十月四日　談話

30

受信するアンテナでなければなりません。神のことばの周波数に合わせ、発信するアンテナでもあるために！　受信し、発信しましょう。

二〇一三年十月四日　談話

31

わたしたちが生きるもっとも美しい体験とは、まことにこれだと思います。わたしたち民のあいだを歩む主！　といっしょに歴史のなかを歩む民の一員であること。わたしたちは孤立していません、独りで歩んでいるのではありません。ともに歩むキリストの唯一の群れの一員なのです。

二〇一三年十月四日　談話

11月

1

マグニフィカト。希望の歌、歴史のなかを歩む神の民の歌です。知られている多くの聖人たちの、そして神によってのみ知られているたくさんの無名の聖人たちの歌。ママ、パパ、カテキスタ、宣教者、司祭、修道女、若者、子どもたち、おじいちゃん、おばあちゃんもいます。

彼らは小さき者、つつましい者の希望を心に抱いて、人生の闘いに立ち向かいました。

二〇一三年八月十五日　説教

2

希望とは、生と死の、善と悪の日々の戦いを体験し、キリストの復活を、愛の勝利を信じる者の美徳です。

二〇一三年八月十五日　説教

3

マリアは十字架の殉教を知りました。自らの心の、魂の、殉教。イエスが十字架上で苦しんでいるとき、マリアは心のうちで壮絶な苦しみを体験しました。子の受難を、魂のうちに徹底的に生きました。イエスの死に一致しました。そのために、彼女には復活の恵みが与えられました。キリストは復活した者の初穂です。そしてマリアは贖《あがな》われた者の初穂、「キリストに属する者」の最初の人です。わたしたちの母であり、わたしたちの代表者、姉妹、長姉、天に到達した贖われた者たちのなかで最初の人……。

二〇一三年八月十五日　説教

4

キリスト者であるとは、イエスのペルソナと生命的な関係にあること、
イエスを身にまとうこと、彼に吸収され同化すること。

二〇一三年十月四日　説教

5

新テクノロジーが開発した領域、ソーシャルネットワークに入り、慎重さを保ちつつ対話をするのは大切なことです。耳を傾け、対話し、勇気づける、一つの存在となりましょう。自らのキリスト者としてのアイデンティティーを保ちつつ、そのような存在となり、この領域の一市民になることを恐れないでください。

「歩みの同伴者」であろうとする教会は、あらゆる人とともに歩むことができるはずです！

二〇一三年九月二十一日　談話

6

教会とはわたしたち皆です！　最初に洗礼を受けた者から始まり、わたしたち皆は教会です。そしてみんなが、すべてを「剝奪された」生き方をしたイエスの道を通っていかなければならないのです。イエス自身、そのように生きたのです。しもべになり、給仕する者になり、十字架にかけられるまで卑しめられることを望みました。もしわたしたちがキリスト者でありたかったら、他の道はありません。

こう言う人たちもいます。「わたしたちはもう少し人間的な、十字架のない、イエス抜きの、『剝奪』なしのキリスト者になってもよいのではないか？」けれども、そうすると、お菓子屋のきれいなケーキのような、甘くて見栄えのよいキリスト者になってしまいます！　いいですね！　でも、それはまったくキリスト者ではありません！

二〇一三年十月四日　談話

7

「でも教会は何を脱がなければならないのですか？」今日、教会のなかのすべての人を危険にさらしている重大な「危険」を脱ぎ捨てなければなりません。世俗性という危険です。キリスト者はこの世の霊と共住することはできません。
　世俗性はわたしたちを虚栄、横暴、傲慢に導きます。そして、それは偶像であって神ではありません。偶像です！　そして偶像崇拝はもっとも根強い罪です。

二〇一三年十月四日　談話

8

まことに馬鹿げたことですが、もし、一人のキリスト者、真のキリスト者であるはずの司祭、修道女、司教、枢機卿、教皇が、この世俗性の道を行こうと考えたら、この殺人的な生き方をしようとしたら……。霊性の世俗性は死をもたらします！　魂を殺します！　人びとを殺害し、教会を殺します！

二〇一三年十月四日　談話

9

大切なのは、協力し合い、助け合いながら、ともに歩むことです。謝罪し、自らの過ちを認め、赦《ゆる》しを乞う一方で、相手の謝罪を受け入れ赦すこと。これが、どれほど大切なことか！

ときには、長い年月を経た後に別れてしまう夫婦のことを思ったりします。「もう理解し合えないんです……遠ざかってしまったんです。」もしかしたら、まだ間に合ううちに謝らなかったのかもしれません。間に合ううちに赦すことができなかったのかもしれません。新婚さんたちには、よくこう助言します。「思う存分喧嘩《けんか》してください、お皿が飛ぶのならそれもいいです。でも、仲直りしないでその日が終わるようなことが決してないように。」

二〇一三年十月四日　談話

10

平和を築くのはすべての人の務めです。

イエスの模範に従って、次の二つの道をとおしてそれができます。真実と愛のうちに「正義」を推し進め、それを実際に行うこと。各自それぞれの可能性に従って、連帯の論理に基づいた「全人間的な成長」に貢献すること。

二〇一三年十月三日　談話

11

とても助けを必要としている人びとに愛をもって奉仕すると、わたしたち自身の人間性が育ちます。そのような人びとは真実「人類の資源」だからです。聖フランシスコは裕福な家の若者でした。「誉れ」を求めていました。しかしイエスは、あのハンセン病者を通じて、沈黙のうちに語りかけ、彼を変えました。人生で何がいちばん大切なのかを分からせたのです。富ではなく、武勇ではなく、この世の誉れではなく、謙譲、慈しみ、赦しであることを。

二〇一三年十月四日　談話

12

磔刑者《たっけいしゃ》は、敗北や挫折についてわたしたちに語りかけません。逆説的に……「生である死」、「いのちを生み出す死」について語ります。愛について、受肉された神の愛について、わたしたちに語るからです。

「愛」は死にません。それどころか、悪と死を打ち破ります。十字架につけられたイエスのまなざしを受けた者は、「再創造」されます。「新しい、創られたもの」になります。ここからがスタートです。変容させる恵みの、罪びとであり何の功績もないのに愛されるという体験が始まります。

二〇一三年十月四日　談話

13

なぜ人びとは、そして、もしかしてわたしたちも、閉鎖的になるという危険に陥り、自分の安全を最優先にするのでしょうか、しまいには、それがわたしたちの人間らしさを奪ってしまうのに？

それは「神の記憶」を失ったときに起きます。預言者は言っていました、「災いだ、シオンで無分別に過ごす者たちは。」神の記憶がないところ、すべては平坦《へいたん》になります。すべては「自分」が基準、自分の繁栄が目的になります。生、世界、他者は実質を失い、なんの価値もなくなり、一つの次元、「所有」という次元のみが残ります。

「神の記憶」を失えば、わたしたち自身も実質を失い、空虚になり、福音書に出てくるあの金持ちのように、人間としての姿を失ってしまいます！　もう一人の偉大な預言者エレミヤも、「無の後を追う者は自分も無になる」と言っています（エレミヤ2・5参照）。わたしたちは物や偶像のイメージ、似姿ではなく、神のイメージ、似姿として創られているのです！

二〇一三年九月二十九日　説教

14

信仰は「わたしたちとともにある神の歴史」の記憶をもっています。最初に動き、創造し、救う、わたしたちを変容させる神との出会いの記憶。信仰とは、わたしたちに生を与え、清め、世話をし、養ってくれる、その救いの業と、心を温めるみことばの記憶です。

二〇一三年九月二十九日　説教

15

十字架上からイエスは母を見つめ、「あなたの子です」と言って、ヨハネを母に委ねます。ヨハネのうちにわたしたち全員がいます。わたしたちも。そしてイエスの愛のまなざしは、わたしたちを母の護《まも》りに委ねます。マリアはそのとき、若かったとき受けたもう一つの愛のまなざし、彼女の卑しさ、小ささを見つめた、父なる神のまなざしを思い起こしたことでしょう。マリアはわたしたちに教えてくれます。神は決してわたしたちを見捨てない、わたしたちの弱さをとおしても偉大なことを実現できることを。神を信頼しましょう！　み心の扉をたたきましょう！

二〇一三年九月二十二日　説教

16

わたしたちが信じている神、人を熱烈に愛している神は、わたしたちというこの貧しい道具をとおして自らをあらわしたいと望んでいることを、いつも肝に銘じておきましょう。「働く」のは、変容させるのは、人の生《いのち》を救うのは、神ご自身だからです。

二〇一三年九月二十一日　談話

17

全宇宙（創られしものの世界）は、すべて、調和ある、善いものですが、とりわけ神のイメージ、似姿としてつくられた人間は、一つの家族であり、口先ではない、真の兄弟的関係にあります。他者は愛すべき兄弟姉妹です。そして愛、忠実さ、善である神との関係は、人間たちのすべての関係に投影され、全宇宙に調和をもたらします。

神の世界とは、全員が他者への責任を感じ、他者の善を求める世界です。

二〇一三年九月七日　説教

18

神は人の良心にたずねます。「お前の弟アベルは、どこにいるのか？」（創世記4・9）。そしてカインは応えます。「知りません。わたしは弟の番人でしょうか？」

わたしたちにも同じ質問がなされます。そして、わたしたちもわたしたち自身のために、自らに問いかけるべきでしょう。わたしは弟の番人だろうか？　そう、あなたは兄弟の番人です！

二〇一三年九月七日　説教

19

キリスト者としてのわたしの信仰は、十字架を仰ぐようわたしを駆り立てます。すべての善良な人びとが、一瞬でも、十字架にまなざしを注いでほしいと思います！　そこには神の応えがあります。そこでは、受けた暴力に対して暴力で、死に対して死のことばで応えるようなことはありませんでした。十字架の沈黙に、武器の大音響は沈黙し、和解、赦し、対話、そして平和のことばが語られます。

キリスト者としてのわたしの信仰は、十字架を仰ぐようわたしを駆り立てます。

二〇一三年九月七日　説教

20

教会に根を下ろし、教会を基盤とする人びと。イエスはわたしたちにこうであってほしいと願っておられます。平行した別の歩み、または孤立した歩みというものはありません。そうです、探求心に満ちた、創造的な歩みが大切です。「街外れ」、たくさんのそのような地へ行くこと。そのためには創造性が必要です。いつも共同体のなか、教会のなかで。このように教会につながっていることは、わたしたちに前に進む勇気を与えてくれます。キリストに仕えるとは、この実体のある教会を愛し、従順のうちに惜しみなく仕えることです。

二〇一三年七月三十一日　説教

21

仕事とは尊厳を意味します。仕事とは家にパンをもって帰ることです。仕事とは、愛することです！ 偶像崇拝的な現経済システムをまもる者たちは「廃棄文化」を作り出します。年寄りを廃棄し、若者たちを廃棄します。

わたしたちはこの「廃棄文化」にノーと言い、こう言わなければなりません。「正義に基づいたシステム、全員が生活していける社会のシステムを要求します！」こう言いましょう。「あまりにもわたしたちを痛めつけるこのグローバル化された経済システムはいりません！」中心にはカネではなく、神が望まれるように、人間がいなければなりません！

二〇一三年九月二十二日 談話

22

「希望を奪われるままにしないでください！。」希望とは、もしかしたら灰の下の残り火のようなものかもしれません。連帯によって、息を吹きかけ、もう一度炎が燃え立つように助け合いましょう。希望はわたしたちをもっと前に進ませます。希望は一人のものではありません、希望を形作るのはすべての人です！　皆のあいだで、あなた方皆、遠くにいるわたしたち皆で、支えるのです。希望はあなた方の、そしてわたしたちのものです。すべての人のものです！　だからこそ、皆さんに言いたいのです。「希望を奪われるままにしないでください！」「ずる賢く」あるよう努力しましょう。主は「偶像たちは、わたしたちより狡猾《こうかつ》である」と言われます。主はわたしたちに、鳩《はと》の善良さをもって、蛇のように狡猾であるよう勧めます。

二〇一三年九月二十二日　談話

23

未来に逃げないで、過去の郷愁に囚われないで、いっしょに一つになって歩むことがどれほど大切でしょうか。歩みながら話し合い、知り合い、互いに自分のことを語り合い、家族となるなかで成長していきます。

二〇一三年十月四日　談話

24

権力者であること、神のように偉大であること、否、自分が神であることを夢見ることは、過ちの連鎖を作り出します。そして、それは死の連鎖であり、兄弟の血を流すことになります。

二〇一三年七月八日　説教

25

わたしたちは兄弟的責任の意義を失いました。わたしたちはイエスが語った「善きサマリア人のたとえ話」のなかに出てくる、司祭や祭壇奉仕者の偽善的態度に陥りました。道端で死にそうになっている兄弟を見て、おそらく「かわいそうに」とは思っても、自分の道をそのまま進みます。わたしたちの役割ではないと、自らを納得させ、安心し、なんらうしろめたさを感じません。「楽な生活」という文化がわたしたちを自分のことだけ考えるようにさせ、他者の叫びに無感動になり、バブル（泡）のなかに生きるようにさせます。バブルは美しいかもしれませんが、所詮は無なのです。虚《むな》しさ、一時的な幻想で、それは他者への無関心へとつながります。はっきり言うと、「無関心のグローバル化」をもたらします。

二〇一三年七月八日　説教

26

わたしたちは「涙する体験」を、「……とともに苦しむ」体験を、忘れてしまった社会に生きています。無関心のグローバル化はわたしたちから涙する体験を奪い去りました！

福音書をとおして、わたしたちは接しました、叫び、涙、大きな嘆きに……「ラケルが息子たちのゆえに泣いている……息子たちはもういないのだから。」（マタイ2・18参照）

ヘロデは自分の利益を、自分の「泡」を守るために死をまき散らしました。そして、このようなことはずっと続いてきました……。わたしたちの心のなかにあるヘロデ的なものを消し去ってくれるよう、主に願い求めましょう。わたしたちの無関心に対して涙する恵みを、世界に、わたしたちのうちにはびこる残虐性に涙する恵みを、主に願い求めましょう。

このような悲劇への道を作る社会や経済面での決定を人に知られないように行っている者たちの残虐性に対しても。

二〇一三年七月八日　説教

27

今日人びとは確実にことばを必要としています。しかしそれ以上に、わたしたちが主の慈しみを、優しさを証すことを必要としています。それは心を温め、希望を再び目覚めさせ、善へと引き寄せます。

神の慰めを運ぶ喜び！

二〇一三年七月七日　説教

28

闇の時、試練の時、救いの光をもたらす夜明けはすでにそこにあり、はたらいています。

二〇一三年七月七日　説教

29

福音を告げる業が実を結ぶかどうかは、人間が評価する成功とか失敗とかから分かるのではなく、自分の殻から出ていって自らをささげる愛の論理、イエスの十字架の論理に自らを重ね合わせられるかどうかによります。十字架、つねにキリストといっしょの十字架です。

「キリストのいない十字架」を受け取るよう勧められることがありますが、これはよくありません！　十字架が、いつもながらのキリストの十字架が、わたしたちの宣教の実りを保証します。

二〇一三年七月七日　説教

30

活動に信頼をおきすぎるアクティビズムの危険は、いつもわたしたちの傍にあって入り込もうと狙っています。イエスを見ると、重要な決定や出来事の前にはいつも深く長い祈りに集中しておられました。緊急で過酷な仕事の渦のなかにあっても、観想する次元を保ち続けましょう。派遣があなた方を人間存在の「街外れ」に行くことを求めるときには、あなた方の心が、よりいっそう慈しみと愛にあふれるイエスの心と一致していますように。

二〇一三年七月七日　説教

12月

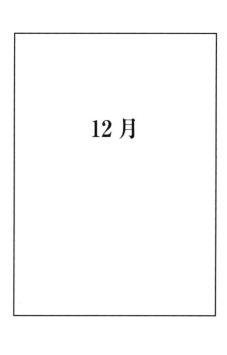

1

十戒という贈りものについて考えます。真に自由な生、あふれんばかりに豊かな生のために、神がわたしたちに示される道です。「ノー」の賛歌ではありません。これをすべからず、これをすべからず、これをすべからず……。いいえ！　神への、愛への、生への、「はい！」の賛歌です。

二〇一三年六月十六日　説教

2

キリスト者は霊的な人です。これは「雲（空想）のなかに住んでいる」、現実とかけ離れて生きている、幽霊みたいな人という意味ではありません。いいえ！　キリスト者とは日々の生活のなか、神の心に沿って思い、行動する人です。あふれんばかりの豊かさを生きる、父なる神の真の子であるよう、自らの生が聖霊に突き動かされ、養われるのを受け入れる者です。

これは現実主義と実り豊かさを意味します。聖霊に導かれるままに生きる人は現実主義者です。現実を判断し評価することができます。そして実り豊かな人でもあります。その生は、自らの周りに、さらなる生を生じさせます。

二〇一三年六月十六日　説教

3

神はもっともよいものを、わたしたちのために用意してくださいます。わたしたちがその愛に驚くこと、その驚きを受け入れることを求めます。神を信頼しましょう！　神から遠くにいると、喜びのワイン、希望のワインは、なくなってしまいます。彼に近づき、彼とともにあれば、困難や罪といった「ただの水」のように見えたものが、新しい、神との友情というワインに変わります。

二〇一三年七月二十四日　説教

4

新しいことは、いつも少し怖いです。すべてが自分のコントロール下にあって、自分のやり方、安全性、趣向にしたがって自らの手で計画して造り出すほうが、安心できるからです。このようなことは神との関係でも起こります。往々にしてわたしたちは「ある程度まで」神に従い、神を受け入れます。わたしたちのすべての選択において、聖霊がわたしたちの生を突き動かすままに受け入れ、神に全面的な信頼を置いて委ねるのは、難しいことです。わたしたちは、神がわたしたちに「新しい道を歩ませる」のではないかと恐れています。自らの限られ、閉ざされた、利己的な地平から出て、神の新しい地平に向けられるのではないかと。

二〇一三年五月十九日　説教

5

マリアはいつもこうです。わたしたちが必要としているとき、いつも急いできてくださるわたしたちの母です。聖母マリアの連禱にこう付け加えるといいですね。「急いで走ってこられる方よ、わたしたちのために祈ってください！」これ、いいですよね。彼女はいつも急いで行きます、決して我が子たちを忘れることはありません。子どもたちが困難のなかにあり、助けを必要とし、救援を求めて叫ぶと、彼女は急いでそこに向かいます。これはわたしたちに確かさを与えてくれます。わたしたちの傍にいつも母がいるという確かさを。

二〇一三年五月二十六日　説教

6

大きな理想のために自らを費やし、すべての人の尊厳を大切に護《まも》り、キリストとその福音に自らを賭《か》ける……それを自らの生によって示すこと。

二〇一三年七月二十八日　談話

7

わたしたちに自由が与えられたのは、自らの生において善い選択をするためです。マリアは、よき母として、彼女のように「最終的選択」をすることができるよう、わたしたちを教育します。「暫定性の哲学」がはびこるこの今という時代に、「最終的選択」を教えます。

自らの生き方の最終的決断をするのはとても難しいことです。そしてマリアは、自らの生に対する神の計画に対して「はい」と応えたあのあふればかりの自由さで、わたしたちが最終的選択をできるように助けてくれます。

二〇一三年五月四日　談話

8

マリアは、わたしたちのうちにこのようなことをしてくださいます。信仰のうちに人間として成長すること、表面的な人間、キリスト者であるという誘惑に陥らずに強くあること、そして、いつも責任をもって生き、より高きを目指すよう、わたしたちを助けてくださいます。

二〇一三年五月四日　談話

9

信仰の体験を共有する、信仰の証しをする、福音を告げる、これらは主が全教会に与えた命令であり、あなたにも与えられています。これは命令ですが、相手を支配しようとするものではなく、愛の力に基づいています。それは、イエスがまず最初にわたしたちのあいだにこられて、自分のもっておられる何かを与えたのではなく、自らのすべてをわたしたちに与え、わたしたちを救い、神の愛と慈しみを示すため自らのいのちを与えてくださったことによるのです。イエスはわたしたちを奴隷として扱うのではなく、自由人として、友として、兄弟として接します。わたしたちを派遣するだけでなく、この愛の派遣において、ずっとわたしたちとともにいてくださいます。

二〇一三年七月二十八日　説教

10

イエスはわたしたちに、神の姿は「愛する父」のそれであることを示されました。罪と死は打ち負かされました。キリスト者はペシミストではありえません！「いつも喪に服している」ような顔はしていません。もしわたしたちがほんとうにキリストに恋していて、彼がどれほどわたしたちを愛しておられるかを感じたら、わたしたちの心は喜びのあまり「炎上し」、その喜びを傍にいる人たちに伝染させるでしょう。

二〇一三年七月二十四日　説教

11

イエス・キリストへの信仰はなまやさしいものではありません。とても真剣なことです。神がわたしたちの「仲間」となるためにこの世にこられたという知らせはスキャンダルです。十字架というスキャンダル。十字架上で亡くなったことはスキャンダルです。十字架はスキャンダルであり続けます。しかし、十字架の道、イエスの道、イエスの受肉の道は、唯一確かな道なのです。

お願いですから、イエス・キリストへの信仰をフルッラート（攪拌《かくはん》した飲み物）にしないでください。オレンジのフルッラート、リンゴのフルッラート、バナナのフルッラート……。どうか信仰の「フルッラート」は飲まないでください。信仰は「まるごと」です。攪拌できません。イエスへの信仰のことです。わたしを愛しわたしのために死んだ、人となった神のひとり子への信仰です。

それでは、皆さんの声を聞かせてください。

二〇一三年七月二十五日　談話

12

三つのことば。「行く」「恐れず」「尽くすために」。恐れずに行ってください、奉仕するために。この三つのことばに従って歩むと、福音を告げる者に福音が告げられ、喜びを伝える者は、より喜びを受けるでしょう。

二〇一三年七月二十八日　説教

13

毎日おびただしい量の食物を捨てるという贅沢《ぜいたく》を自らに許している世界のなか、十字架をとおしてイエスは、飢餓に苦しんでいるすべての人びとと一致します。自分の子が「人工パラダイス」である麻薬の犠牲者となっているこことで苦しむ多くのお母さん、お父さんたちと、イエスは十字架をとおして、一致しています。宗教のため、考え方や思想のため、そうでなければ単に肌の色のために、迫害されている人びとと、イエスは十字架をとおして一致しています。利己心や汚職が蔓延《まんえん》する政治への信頼を失った多くの若者、キリスト者たちや福音を伝える責任者たちの矛盾した言動のために、教会、さらには神への信頼を失った多くの若者と、イエスは十字架をとおして一致しています。

わたしたちの言行不一致がどれほどイエスを苦しめていることか！　キリストの十字架には苦しみがあります。人類の、そしてわたしたちの罪があります。そして、イエスはそれらすべてを両腕を開いて受け入れ、わたしたちの十字架を自ら背負い、言われます……勇気を出しなさい！　独りで背負っているのではありません！　わたしがあなたといっしょに背負っている。わたしは死に打ち勝った、わたしはあなたに希望を与えるため、あなたにいのちを与えるために、きたのだ。

二〇一三年七月二十六日　談話

14

今日……毎日ですが、今日は特に、イエスは種を播《ま》きます。神のことばを受け入れたとき、わたしたちは信仰の畑になります！　お願いです、キリストとそのことばが皆さんの生のうちに入り、芽を出し、成長するにまかせてください。神がすべてをしてくださいますが、あなた方は、彼が行うまま、彼がこの成長のためにはたらくままに、受け入れてください！

二〇一三年七月二十七日　談話

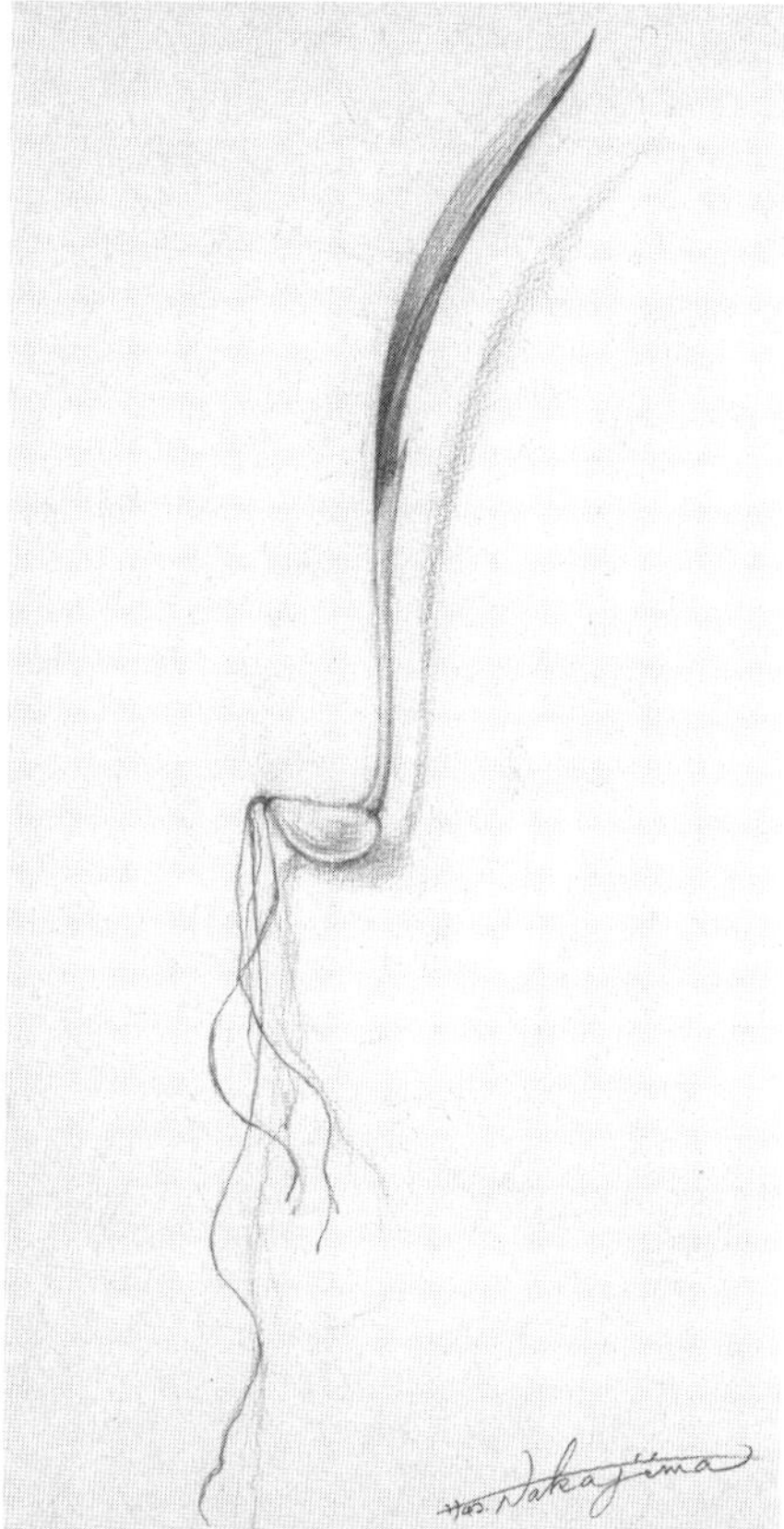
Nakajima

15

わたしはあなた方が「よい土地」であること、パートタイムではなく真のキリスト者でありたいと望んでいることを知っています。実は何もしていないのに、キリスト者らしく見せようと「パリッと糊《のり》のきいたシャツ」を着たしかめっ面の、表面的キリスト者もいますが、そうではなく、ほんもののキリスト者でありたいと望んでいることを知っています。流行や一時的な利益に流される空虚な自由の幻想のなかには生きたくないと思っていることを知っています。高きを、豊かな意義を与えてくれる最終的な選択を、目指していることを知っています。そうでしょう？　それともわたしの思い違いですか？　そうですよね？　よろしい、それならあることをしましょう。皆さん全員いっしょに、静かに、心を見つめ、一人ひとり、イエスに「種をください」と言いましょう。イエスにこう言ってくださ い。見てください、イエス。石ころを、茨を、雑草を見てください。でも種が播かれるようにとあなたに差し出すこの「小さな土地」をも見てください。

沈黙して、イエスの種を受けましょう。この時を覚えておきましょう。

各自が播かれた種の名を知っています。成長させましょう。神が世話してくださるでしょう。

二〇一三年七月二十七日　談話

16

神は「生きている方」、「慈しみ深い方」です。イエスは神のいのちをわたしたちにもたらし、聖霊は神の真の子どもとして生き生きした関係へと迎え入れ、育んでくれます。しかし、よくあることですが――自分の体験からわたしたちはそれを知っています――人間は生を選ばず、生の福音を受け入れず、生の邪魔をし生を尊重しないイデオロギーや論理に導かれるほうを選びます。

それらは、愛や、他者の善を求めることからほとばしり出るのではなく、利己心、利益、儲《もう》け、権力欲、快楽に促されています。

二〇一三年六月十六日　説教

17

「信仰を入れなさい」とはどういう意味でしょうか？　おいしい料理を作るとき、塩が足りなかったらあなたは塩を「入れ」ます。オリーヴ油が足りなかったら、オリーヴ油を「入れ」ます……。「入れる」とは、注ぐ、そこに置くという意味です。それは、わたしたちの生においても同じです。「信仰を入れ」ると、生は新しい味がするようになり、生は方向を示す羅針盤を得ます。「希望を入れ」るとあなたの毎日は照らされ、あなたの見つめる地平線は暗くなくなり、明るくなります。「愛を入れ」ると、あなたの存在は岩の上に建てられた家のようになり、あなたの歩みは喜びでいっぱいになります。あなたといっしょに歩むたくさんの友に出会うからです。信仰を入れ、希望を入れ、愛を入れましょう！

二〇一三年七月二十五日　談話

18

イエスはわたしたちに一生彼の後について行くよう求めます。彼の弟子であることを、「彼のチームでゲームする」ことを。このチームのメンバーに選ばれた選手はどうしますか？　練習しなければ、たくさん練習しなければなりません！　主の弟子としてのわたしたちの人生も同じです。聖パウロはキリスト者についてこう言っています。

「競技をする人は皆、すべてに節制します。彼らは朽ちる冠を得るためにそうするのですが、わたしたちは、朽ちない冠を得るために節制するのです。」（Ⅰコリント9・25）イエスはわたしたちにW杯にまさる何かを与えてくださいます！　W杯にまさる何か！　イエスはわたしたちに、実り豊かな生、幸せな生の可能性を与えてくださり、さらに、永遠のいのちを、終わりなく彼とともにある未来を与えてくださいます。これがイエスが提供してくださるものです。

しかし入場料を求められます。払うべき入場料とは、自らの信仰を証しながら、生がもたらすすべての状況に恐れることなく立ち向かえるよう、アスリート同様「よいコンディションを保つ」ためにトレーニングすることです。

二〇一三年七月二十七日　談話

19

イエスにたずね、イエスと語ってください。そしてもし人生で過ちを犯したり、転んでしまったり、何か悪いことをしてしまったとしても、怖れることはありません。イエスはわたしがしたことを見ています！　では今、どうすればよいでしょうか？　よきにつけ悪しきにつけ、よいことをするときも悪いことをするときも、いつもイエスと話してください。彼を怖れることはありません！　これが祈りです……。そしてこれをとおして、弟子として派遣された皆さんは、イエスとの対話に鍛えられていきます！　わたしたちのうちに彼の存在を深める「秘跡」をとおして。兄弟愛をとおして他者に耳を傾け、理解し、赦《ゆる》し、他者を、誰も拒まずにすべての人を受け入れ、助けることによって。

二〇一三年七月二十七日　談話

20

マリアはわたしたちに、迎え入れ、同伴し、護ろうと熱く願うまなざしをもつよう、教えてくださいます。マリアの「母のまなざし」で互いに見つめ合うことを学びましょう！　わたしたちが本能的に疎んじてしまう人びとがいますが、むしろそのような人びとのほうが助けを必要としています。見捨てられた人、病者、生きる糧をもたない人、イエスを知らない人、困難のなかにある若者、仕事が見つからない若者……。自分の殻から出ていって、マリアのまなざしで兄弟姉妹たちを見つめることを恐れてはなりません。彼女はわたしたちを真の兄弟であるよう招きます。そして何か、または誰かが、わたしたちと聖マリアのまなざしのあいだに入り込むのを許してはなりません。

二〇一三年九月二十二日　説教

21

人間は何と多くの砂漠を横断しなければならないことでしょう！　とりわけ、神の愛と隣人への愛が欠けているとき、創造主がわたしたちに与えた、そして与え続けている「すべて」の守り人であるという自覚をもたないとき、その人のうちにある砂漠……。

しかし神の慈しみは、もっとも枯渇した土地を花園にすることも、「枯れた骨」に再びいのちを与えることもできます。

二〇一三年三月三十一日　メッセージ

22

イエスは、生ける神の受肉です。多くの死の業の前に、罪の、利己心の、閉塞した自分の前に、いのちをもたらします。イエスは迎え入れ、愛し、立ち上がらせ、勇気づけ、赦し、再び歩き始める力、再びいのちを、与えます。福音のすべてに、イエスがその行いとことばによって、人間を変えることができる「神のいのち」をもたらしたことが記されています。

二〇一三年六月十六日　説教

23

多くの殉教者たちが、自らの信仰を捨てることを拒否し、復活したキリストを告白して死んでいきました。忠実であり続ける力を、彼らはどこから得たのでしょうか？

わたしたち人間のまなざしを超えて、この世の境界の向こう、聖ステファノが言うように、「天が開かれていて」御父の右におられる生けるキリストを観る、信仰からです。

二〇一三年五月十二日　説教

24

地上でイエスは何をされたでしょうか？　わたしたちを救ってくださいました！　イエスはわたしたちのために自らのいのちを与えるためにこられたのです。

二〇一三年五月二十六日　説教

25

福音に基づく素朴な生き方に戻ることが、教会刷新のための挑戦です。教会は、変貌し続ける世界の「福音化」のために、いつも新しい道を見いだす「信仰共同体」です。

二〇一三年八月二十二日　メッセージ

26

イエスとともに、わたしたち助けを必要としている者たち――わたしたちはもっと助けを必要としているので――は、さらにわたしたち以上に助けを必要としている人びとに会いに行きましょう。

イエスは、もしかしたら、より助けを必要としている人びとに出会うための道をあなたに示してくださるかもしれません。あなたの心は、より助けを必要としている人に出会えば、大きく、大きく、大きく膨らみます！出会いは愛する力を倍増させるからです。

二〇一三年八月七日　メッセージ

27

モーゼは神から十戒の石板を授かるために山に上りました。イエスはその反対の道程を通りました。神の子は、この十のことばの深い意義を示すため、自らを卑しくし、わたしたちの人間性のなかに下りてこられました。あなたは心を尽くし、魂を尽くし、力を尽くして、あなたの神、主を愛しなさい。また隣人を自分のように愛しなさい。（マルコ12・33参照）

二〇一三年六月八日　メッセージ

28

真の自由とは、わたしたちの利己心や盲目的な欲望に自由気ままに従うことではありません。そうではなく、愛すること、いかなる状況下でも善を選ぶことです。

二〇一三年六月八日　メッセージ

29

キリストに出会うこと、キリストに自らを委ねること、キリストを告げること。これがわたしたちの信仰の柱であり、ご聖体がいつもその中心にあります。

二〇一三年六月九日　メッセージ

30

神の慈しみによって、わたしたちも刷新されましょう。イエスに愛されましょう。その愛の力がわたしたちの生をも変容させますように。そしてわたしたちは、神が大地を潤わせ、全宇宙を護り、義と平和を花咲かせる、この慈しみの道具となりますように。

二〇一三年三月三十一日　メッセージ

31

祈りは信仰の吐息です。愛し合う仲では、信頼関係のなか、対話を欠かすことはできません。そして祈りとは、魂と神との対話です。

二〇一三年十月七日　お告げの祈り

訳者あとがき

翻訳して気になったのは『Periferie』ということばでした。たとえば、七月二十八日の項で、教皇フランシスコは次のように語っています。

「わたしが好きな表現は〝andare verso le periferie 街外れに行く〟です。人間存在の〝街外れ《ペリフェリーエ》〟です。すべての人、現実である肉体的貧しさのなかにある人びとから、これも現実である知的貧しさにあえぐ人びとまで、すべての〝街外れ〟、人類の歩みにおけるすべての道辻、そこに行くのです。」

Periferieを日本語訳にするのは難しいのですが、街外れ、最果ての地、光が当てられていないところ、のようなニュアンスがあるように感じられました。教皇フランシスコの目線がどこに向けられているかが分かることばの一つのように思われました。

そしてその「最果ての地」とはわたしたちの隣にいる、皆から認められていない人、誰にも相手にされていない人、独りぼっちで苦しんでいる人……かもしれないのではないか、とも考えさせられました。

最後に「街外れ」ということばが出てくる箇所をあげておきます。

7月28日　9月14日　9月15日　9月16日　9月17日　10月4日

11月20日　11月30日

聖書の引用は『聖書　新共同訳』を使用させていただきました。

教皇フランシスコのことば　365

編者　マルコ・パッパラルド
訳者　太田　綾子
発行所　女子パウロ会
代表者　井出　昭子
〒107-0052　東京都港区赤坂 8-12-42
Tel 03-3479-3943
Fax 03-3479-3944
Web サイト https://www.pauline.or.jp
印刷所　株式会社　精興社
初版発行　2016 年 7 月 20 日
3 版発行　2020 年 4 月 17 日
ISBN 978-4-7896-0776-6 C0016
NDC 930 16 cm
Printed in Japan